중학교 *Philosophy* 철학3

중학교
Philosophy
철학3

| 김준식 |

교육과학사

머리말

여름이 다가오는 계절이다. 여기저기에서 다양한 꽃들이 피어나고 나뭇잎들의 녹색은 짙어지고 있다. 이렇게 시시각각으로 변화하고 있는 자연을 보면서 우리는 여름이 다가오는 것을 알 수 있다. 우리가 이렇게 자연의 변화를 감지하고, 그것을 수용하여 계절의 변화를 알 수 있게 하는 과정은 어떠한 경로를 가지며 각 과정은 어떠한 작용을 통해 계절의 변화라는 새로운 지점에 이르게 하는가? 인식認識의 문제가 발생하는 지점이다.

앞서 이야기한 '꽃들이 피어나고 나뭇잎들의 녹색이 짙어지는' 과정은 자연현상이다. 하지만 우리는 그 자연현상을 엄밀하게 파악하지 못할 수도 있다. 왜냐하면 그 자연현상을 파악함에 있어 우리의 불완전한 지각이 개입하기 때문이다. 우리의 불완전한 지각과 실체적 자연현상의 차이는 언제나 철학적인 문제를 동반하였고 서양의 고대 철학자들에 의해 고안된 이원론은 지금까지도 서양철학의 강력한 사고의 얼개가 되기도 했다.

플라톤식 이원론으로 말하자면 실체적 자연은 이데아이고 우리의 지각에 의해 파악되는 자연은 이데아의 그림자이며, 다시 그 자연에 이데아가 분유分有되는 정도에 따라 실체적 자연의 성질이 결정된다는 논리구조가 바로 이원론적 사고의 얼개이다.

그러면 꽃이라는 자연현상으로 이야기해보자. 꽃에 대한 인간의 지각은 시각이나 후각에 의해서 이루어진다. 후각이 우선할 수도 있고 시각이 우선할 수도 있다. 5월에 주로 피는 아카시아의 예를 들어보자. 아카시아를 지각함에 있어 최초의 지각은 아마도 후각일 것이다. 후각으로 시작된 지각의 다음 단계는 시각이다.

아카시아 꽃이 일단 후각으로 지각되는 순간, 우리는 아카시아에 대한 이전의 경험을 동원하여 매우 빠른 속도로 그 향기의 상황을 파악하게 된다. 파악을 통해 도출된 일련의 생각은 대상물인 아카시아를 시각을 통해 탐색하게 한다. 시각에 의해 탐색된 아카시아 꽃의 색깔, 꽃의 개화 정도와 후각에 의해 탐색된 향기의 농후 정도를 이전 자료와 비교 분석하면서 현재의 아카시아의 상황을 판단하고 이전의 경험 위에 겹쳐놓음으로써 최종적으로 현재의 아카시아를 인식하게 되는 것이다.

이러한 과정은 길어야 1초도 걸리지 않지만, 현재 수용된 지각의 배후에 존재했던 이전 경험(기억)은, 현재 지각에 의해 파악된 상황에 매우 다양한 조건과 상황을 제공하여 최종적으로 현재의 아카시아라는 꽃의 실체를 파악하게 되는 것이다. 이러한 일련의 과정을 우리는 인식認識(영 cognition, 독 Kognition)이라고 표현한다.

문학작품 속의 묘사를 보면 좀 더 확연하게 기억과 인식의 의미를 파악할 수 있다. Marcel Proust(마르셀 프루스트)의 소설, À la recherche du temps perdu(잃어버린 시간을 찾아서)에서 주인공 마르셀은 홍차에 적신 과자 마들렌의 냄새를 맡고 어린 시절, 시골집에서 할머니가 차에 적셔주곤 하시던 마들렌 조각이 생각났다고 회상한다. 이 에피소드에 관한 프루스트의 언급은 이러하다. "차에 적신 과자의 맛은 죽은 시간들이 숨어 있는 은신처의 맛이다."

합리적 지성으로는 되찾기 어려운 차와 마들렌에 대한 기억은, 최초 마들렌 인식의 과정에서 개입된 과거의 지각이 현재의 지각과 동조하는 순간, 마르셀의 인식 속에 저장된 이전의 마들렌을 되살려 낸 것이다. 이것은 이를테면 인식의 재생이라는 것인데 이러한 재생을 통해 드러난 인식은 새로운 과정을 겪으면서 다시 저장되고 동시에 상황에 따라 재생되곤 한다.

이러한 상황을 종합해보면 인간의 인식은 무지향적이며 동시에 무목적적이다. 단지 파악된 인식을 분류하는 과정에서 방향과 목적이 파악될 뿐이다. 단계적으로 인식된다는 것은 결과론에 가깝다. 직관은 단계적 인식의 중요한 반대 증거이다. 이 복잡한 인식의 세계와 그 그림자를 지금부터 살펴보기로 한다. 중학교 철학이라는 제목과 어울리지 않게 이번 책은 매우 난해한 부분이 많다. 인식론이라는 주제 자체가 어렵기도 하지만 나의 부족함도 큰 부분을 차지했을 것이라고 생각한다. 하지만 이 책을 읽는 독자들에게 최소한 인식론이라는 세계와 만나는 계기 정도는 제공하고 싶었다.

2024년 5월 김준식

차 례

철학 교육을 위한 제언

교실에서 이루어지는 모든 수업이 그러해야겠지만 철학 수업의 대전제는 인간 본성의 위대함에 대한 무한한 신뢰로부터 출발해야만 한다.

아이들은 빛나는 영혼을 가졌지만 언제나 흔들리는 꽃들이다. 흔들릴 뿐만 아니라 그 영혼들의 빛은 여러 가지 상황에 의해 자주 가려지기도 한다. 스스로에 대한 탐구가 자신이 가진 영혼의 빛을 발견하는 방법 중 가장 최선인데, 지금 아이들이 받는 교육과 그 바탕이 되는 학교와 사회는 그 영롱한 빛을 찾게 하는 것과는 무관하게 흘러가고 있다. 오히려 그 빛을 찾으려는 노력을 위계적 질서와 성과 중심의 구조를 통해 방해하고 있는 느낌이다.

지난 2020년부터 2023년까지 중학교 아이들에게 철학 교육을 해 보면서 중요한 점을 깨달았다.

동서고금의 어떤 어려운 철학적 의제라도 아이들을 설득하고 이해시킬 수 있다는 사실이었다. 이유는 간단했다. 앞서 이야기한 것처럼 이미 아이들의 심성 속에는 인간 본성의 위대함이 있기 때문이다.

물론 여기에는 수업을 하는 교사의 능력이 중요한 요소이기는 하다. 교사의 지속적인 공부와 노력도 필요하지만 그보다 더 중요한 것은 위에서 말한 아이들이 가지는 인간 본성의 위대함에 대한 무한한 신뢰가 더 중요하다고 생각한다.

이런 기초하에 초등 교실에서부터 아이들에게 철학을 이야기해야 하고 그것은 또한 중고등학교로 자연스럽게 연결되어야 한다. 몸과 마음이 성장하면서 사회의 태도와 가치를 습득해 나가는 중고등학생들에게 철학 공부나 수업은, 진정한 자아를 확인하고 빛나는 자신의 영혼을 발견하는 가장 좋은 방법들 중 하나이다.

2300년 전 그리스의 위대한 철학자 아리스토텔레스는 그의 책 'De Anima'(영혼에 대하여, c. 350 BC.)에서 인간의 영혼에 대하여 이야기하면서 '타불라 라사'라는 이야기를 처음 꺼낸다.

'Tabula rasa'* 란 'clean slate'(빈 석판)이라는 뜻의 라틴어인데 여기에는 단순히 '비어있다'라는 의미와는 다른 의미가 숨어 있다.

'아리스토텔레스'를 세상에 알린 사람들 중 가장 지대한 공헌을 한 사람은 놀랍게도 페르시아의 철학자 '이븐 시나'(980년~1037년 영문 'Avicenna-아비센나', 혹은 '푸르시나'로도 불린다.)였다. 그는 아리스토텔레스의 많은 저작을 재해석하였고 특히 'De Anima'의 '타불라 라사'를 이렇게 재해석했다. "인간의 지성은 태어날 때부터 빈 석판과 비슷하여 교육과 개인이 알게 될 내용에 의해 작성될 잠재력을 지니고 있다."

물론 스토아학파의 주장인 "사람은 태어날 때부터 무언가 쓰일 수 있는 빈 종이 같은 마음을 지니고 있다."라는 말의 재해석으로 볼 수도 있지만 '이븐 시나'의 '타불라 라사'에 대한 해석은 르네상스 이후 서양의 철학자들에게 많은 영감을 주었음에 분명하다.

철학 수업은 우리 아이들이 스스로 그 빈 공간을 발견하고 자신의 세계를 구상하게 하는 능력을 부여할 수 있는 방법 중 가

* 제2절 '테아이테토스'와 제4절 '인식의 그림자'에 상세하게 기술되어 있음.

장 유력한 것이며, 동시에 빛나기는 하지만 흔들리는 자신의 영혼을 균형 있게 유지할 수 있는 방향과 능력을 제공할 수 있는 가장 타당한 방법일 것이라고 생각한다.

제5장

인식의 그림자

제1절 안다는 것, 그리고 직관

우리가 안다고 생각하는 '사실' 혹은 '대상'에 대해, 그것을 알게 된 이유와 경로를 천천히 더듬어 보면 곳곳에 빈틈이 있다. 빈틈만 있는 게 아니라 인과관계가 단절된 경우도 흔히 발견된다. 이런 상황에서 과연 '알고 있다'라고 말하는 것이 맞는지조차도 모호해진다. 즉, 뭔가에 대하여 알고 있다는 사실 전부가 흔들린다.

알고 있다는 것은 '이미 알고 있었다'는 의미인지, 아니면 '배워서 알게 된 것인지'도 모호해진다. '배워서 아는 것'은 당연한 이야기이니 논외로 하고, '이미 알고 있었다'라면 언제부터인지 명확해야 하며, 그렇게 알게 된 이유가 존재해야만 한다. 즉 인식의 기초에 대한 논의이다.

인식의 기초에는 '직관'이 있다.

'직관'이란 판단이나 추론 등을 개입시키지 않고, 대상을 직접적으로 인식하는 작용이고, 사유思惟 혹은 추리推理와 대립되는 인식능력이나 작용이다.

어원은 라틴어의 'Intuere'(응시한다)이다. 인위적인 사유思惟 작용을 통하지 않고 대상을 직접, 그리고 보는 즉시 파악하는 작용을 말한다.

사유思惟가 반성反省과 분석分析을 통해 사태의 각 부분을 파악하는 데 반해, '직관'은 짧은 순간 사태 전체를 파악하기 때문에 시간을 두고 이루어지는 분석처럼 정확하지 않을 수 있다. 뿐만 아니라 '직관'하는 사람 스스로는 대상이 명확하게 인식되었다 하더라도 그 상황과 느낌을 타인에게 그대로 전달할 수 있는 방법은 없다. 마치 우리가 알고 있는 선승禪僧들이 이룬 깨우침의 경지와 비슷할 것이다.

'직관'은 어떤 '사상'事象[1] 에 대한 비반성적非反省的 공감共感, 즉 자아自我와 사상의 일치를 의미하는 것으로서, 경험적 '직관'과 본질적 '직관'으로 구분할 수 있다.

경험적 '직관'이란 '사상'事象을 순간적으로 직감直感하는 것을 뜻한다. 예를 들어 상대방의 표정에서 그의 감정의 상태를 짐작한다든지 타인의 첫인상에서 장래 그와의 관계를 '헤아린다든지' 하는 것으로서, 이것은 개인적 정신능력이나 판단에 기초

1) 관찰할 수 있는 형체로 나타나는 사물과 현상.

하기 때문에 상당히 비합리적인 부분이 많다. 이에 반해 본질적 '직관'이란 경험에 전혀 의존하지 않고 사실을 파악하는 능력으로서 '기하학적 공리'에 대한 인식이 여기에 속한다. '기하학적 공리'에 대한 인식이란 '힐베르트' 좌표[2] 상에서 판별할 수 있는 모든 것, 즉 반드시 위치를 점유하고 있는 것에 대한 구체적 인식을 말한다.

이러한 이유로 '직관'은 사유의 단절상황에서 발휘되는 인간의 정신 능력이라 볼 수 있기 때문에 R. '데카르트'[3] 가 말하는 '명증지'明證知[4] 에 해당함으로써 분석적 사유가 궁극적으로 의존하는 최고의 인식능력이라 할 수 있다. 그것이 직접적 분명함을 지닌다고 여겨지는 점에서는 입장이 같으나 철학사에서는 '직관'을 인간의 전체적인 인식 테두리 안에서 어떤 위치에 둘 것인가, 그리고 거기에는 어떤 종류가 있고, 어떤 성질을 지니고 있는가 하는 점에 대해서 보다 더 여러 가지 견해를 가진

2) 힐베르트(David Hilbert, 1862년~1943년): 독일의 수학자. 19세기 말에서 20세기 초에 활약한 가장 위대한 수학자 중 하나로 손꼽힌다. 기하학을 연구한 그는 '힐베르트 공간'을 정의하여 함수해석학의 기초를 닦았다. 여기서 말하는 힐베르트 좌표란 바로 힐베르트 공간 안의 모든 임의의 점을 이야기한다.

3) 르네 데카르트(René Descartes, 1596년~1650년): 프랑스의 철학자, 수학자, 과학자, 근대 철학의 아버지, 해석기하학의 창시자로 불린다. 그는 합리론의 대표주자로서 대표적인 저서 『방법서설』이 있다.

4) 명증지明證知, 프랑스어 preuve évidente: 데카르트는 이것을 추리를 거쳐서 간접적으로 도달되는 논증적인 확실성과는 달리, 보는 즉시 파악되는 확실성이라고 규정했다.

다. 다만 여기서는 다루지 않기로 한다.

'직관'의 기준, 이를테면 "분명히, 그리고 확실하게 알고 있는 것은 과연 무엇인가?" 그리고 "그렇게 믿고 있는 근거와 알고 있다는 '사실' 혹은 '대상'에 이르기까지의 경로는 타당하고 증명 가능한가?"를 말하고 보니 직관이라고 믿고 있던 사실이 혼돈 속으로 빠지는 느낌이다.

'알고 있다'라는 전제[5)] 하에 이루어지는 모든 사유 활동을 엄격하게 분석해보면 논리적으로 박약한 '추측'과 '비약', 그리고 개인의 '독단'과 '아집'이 혼재되어 있는 상황일 수도 있다. 하여 일상적으로 이야기하는 '앎'이란 거의 '앎'의 본질과는 거리가 있는 '앎'의 희미한 그림자일 수도 있다.

5) 언어학적 전제(前提, 영어 presupposition)는 대화에 언급되지 않아도 암시되는 세계관이나 배경에 관한 암묵적 사항을 이르는 말.

제2절 테아이테토스[6)]

I. 개관

『테아이테토스』(Θεαίτητος, Theaetetus-책 이름)에 등장하는 '소크라테스'[7)]의 이야기를 들으며 그의 교육방법이 참으로 대단하다는 것을 다시 한번 더 깨닫게 된다. 교실에서 아이들을 30년 이상이나 가르치고 있는 내가 이 방식을 아직도 원활하게 쓸 수 없다는 것이 매우 부끄럽다. 물론 소크라테스의 방법에 비판도 없지는 않다.

6) 테아이테토스(Theaitètos, 기원전 약 415년경~기원전 369년경): 고대 그리스 아테네 출신의 기하학자로 자신의 이름과 동명인 『테아이테토스』라는 책의 주된 화자話者이다. 그는 『에우클레이데스(유클리드)의 원론』 X권의 토대가 되는 무리수 이론을 제시한 것으로 알려져 있으며, 정다면체에 대한 연구로 입체기하학의 창시자로 알려져 있다. 그는 '테오도로스'의 제자였다.

7) 소크라테스(Socrates, 기원전 470년경~기원전 399년): 고대 그리스의 철학자. 그리스 아테네 출신. 소크라테스의 아버지는 석공소를 운영한 석공이자 조각가였던 '소프로니코스'였고, 어머니는 산파였던 '파이나레테'였는데 어머니의 직업인 '산파'는 이후 소크라테스 철학의 바탕이 되었다. 성장 초기에는 전통에 따라 아버지 밑에서 석공 기술을 배우며 철학, 기하학, 천문학 등을 공부했고, 청년에서 40세까지 세 번에 걸친 전쟁에 중장보병으로 전투에 직접 참여하였다. 40세 이후에는 교육자로 청년들의 교화에 힘썼다. 기원전 406년에는 공회의 원로가 되어 1년간 정치에 참여하기도 했다. 소크라테스는 서양 철학사에서 철학의 여러 문제에 관한 토론으로 일생을 보낸 첫 번째 인물로 평가되고 있다. 그는 '신성 모독죄'와 '젊은 세대들을 타락시킨 죄'로 기소당하고 기원전 399년에 71세의 나이로 스스로 독약을 마시고 사형을 당했다.

'테아이테토스'가 '테오도로스'[8] 에게 배운 제곱근 이야기를 하던 중에 '소크라테스'가 '테아이테토스'에게 자세히 설명해 보라고 이야기하자 '테아이테토스'는 이런저런 설명을 통해 제곱근을 설명하려 한다. 그러자 소크라테스가 이를 칭찬하는 대목이다.

소크라테스: 와! 이보게들, 자네들은 세상 그 누구보다도 더없이 훌륭하게 해냈군 그래. 그래서 내 생각에는 '테오도로스 님'이 위증의 짐을 짊어지지 않아도 될 것 같네. (여기서 '위증의 짐을 짊어지지 않아도 될 것 같네'라는 말은 '테아이테토스'의 제곱근에 대한 설명이 매우 성실했는데, 그것은 스승인 '테오도로스'가 그에 대한 설명을 잘했기 때문이라는 의미.)

테아이테토스: '소크라테스' 선생님, 그렇긴 해도 '앎'에 관해 선생님께서 물어보신 것에 대해선, 길이나 제곱근에 관해 대답할 때처럼 해낼 수가 없을 것 같습니다. 선생님께서 그런 어떤 걸 찾고 계신 거라는 생각이 들긴 하지만요. 그래서 다시 또 '테오도로스' 선생님께서 위증인이 되신 것 같습니다.

8) 테오도로스(Theodoros, 기원전 470년경~기원전 390년): 고대 그리스 키레네 출신의 수학자. '테아이테토스'의 스승이었으며, '플라톤'에게도 가르침을 주었던 것으로 추정되는 수학자.

소크라테스: 무슨 소리인가? 이런 경우를 생각해 보게. '테오도로스 님'이 달리기 경주와 관련해 자네를 칭찬하면서 젊은이들 중에서 이토록 잘 달리는 자는 결코 만나 보질 못했다고 말하셨는데, 나중에 자네가 달리기 경주를 하다 절정에 달한 가장 빠른 자에게 지고 말았다고 해 보세. 이런 경우에는 그분(테오도로스 님)이 자네에게 한 칭찬이 그다지 참이 아니었을 것으로 생각하는가?

테아이테토스: 그렇게는 생각지는 않습니다.[9)]

『테아이테토스』에 녹아있는 '앎'의 이야기를 정리해보자. '앎'에 대한 젊은 '테아이테토스'의 지속적인 질문에, 때로는 큰 틀에서 때로는 매우 정교하게 대답하는 '소크라테스'의 이야기가 '플라톤'[10)] 의 방식으로 서술되고 있다.

분명하지는 않지만 서양 철학에서 '앎'에 대한 고민은 '소크라테스'로부터 출발한다. 하지만 '소크라테스' 스스로 쓴 책은 없고 대부분 그의 제자였던 '플라톤'의 기록에 의해 '소크라테스'의 이야기가 전해진다. 계속되는 '테아이테토스' 이야기다.

9) 『테아이테토스』 플라톤, 정준영 번역, 아카넷, 2022, 42쪽~43쪽.

10) 플라톤(Plato, 기원전 424년경~기원전 348년): 고대 그리스의 철학자, 사상가, 객관적 관념론(objective idealism)의 창시자이다. 그는 소크라테스의 제자이자, 아리스토텔레스의 스승이었으며, 오늘날 대학의 원형인 고등 교육 기관 '아카데메이아'의 창설자이다.

2. 감각

이어지는 '소크라테스'와 '테아이테토스'의 대화이다.

소크라테스: 그렇다면 건강한 내가 포도주를 마실 경우, 그것은 내게 즐겁고 달콤한 것으로 나타나는가?

테아이테토스: 그렇습니다.

소크라테스: 앞서 동의된 것들로 볼 때 그건 바로 다음과 같기 때문이네. 즉, 작용을 가하는 것과 작용을 받는 것이, 동시에 운동을 하는 쌍인 달콤함과 지각을 낳는데, 작용을 받는 쪽에서 성립되는 지각은 혀를 지각하는 것이 되게 하고, 포도주 쪽의 달콤함은 그 주위에서 운동을 하여 포도주가 건강한 혀에게 있음에서도 또 나타남에서도, 달콤한 것으로 되게 하기 때문이네.[11)]

포도주를 마신 '소크라테스'가 어떻게 포도주의 달콤함을 느끼게 되는가에 대한 '소크라테스'의 독창적인 해석이다. 작용을 가하는 쪽(포도주)과 작용을 받는 쪽('소크라테스'의 혀)의 '협응'을 통

11) 앞의 책, 73쪽.

하여 달콤함이라는 지각에 도달한다는 이야기다. 즉, 달콤함이란 혀에서 지각되었을 때 비로소 달콤함이 된다는 '프로타고라스'[12] 의 '인간척도설'이 확장된 상황이다. '인간척도설'의 근본은 '있음'을, 인간의 의지로 하여 '나타남'과 동일하게 보는 것이다.

'프로타고라스'는 고대 그리스의 대표적인 소피스트다. '프로타고라스'는 "인간은 만물의 척도다"라는 그의 진술을 통해 인식과 판단에 대해 오래 지속될 논쟁을 불러일으켰다. 이 유명한 말은 각 사람의 개인적인 역사, 경험 및 기대가 평생 동안 발전하여 자신의 판단, 의견 및 진술을 결정한다는 것을 의미하는 것으로서 어떤 사람이 좋은 것, 나쁜 것, 아름다운 것 또는 정당하고 부당한 것에 대해 판단할 때, 각각의 경험이 다르기 때문에 각각의 판단을 내리게 된다는 것이다.

"인간은 만물의 척도다"라는 진술을 좀 더 깊이 생각해 보자. 먼저 '소크라테스'는 이 진술에 대해 다음과 같은 문제를 제기한다. 선생('프로타고라스'는 '소크라테스'보다 20년 정도 앞에 태어났고 이미 명성이 높았다. 따라서 『테아이테토스』에서는 '소크라테스'가 '프로타고라스'를 언급할 때 거의 선생, 혹은 그분이라는 호칭을 사용한다.)께서 자기 쪽에서 어떤 것을 판정하고서 그 어떤 것

12) 프로타고라스(Protagoras, 기원전 490년경 또는 485년~기원전 415년 또는 410년).

에 관한 판단을 내게 제시할 때, 그분의 주장에 따라 선생에게는 참이라고 합시다. 하지만 다른 사람들인 우리로서는 선생의 판정에 관한 '참'과 '거짓'의 판정관이 될 수는 없는 건가요? 아니면 우리는 시종일관 선생이 '참'인 판단만을 한다고 생각해야 하나요? 또 그도 아니면 선생이 '거짓'인 판정을 내리고 또 '거짓'인 생각을 한다고 가정하면서 선생과는 늘 반대되는 판단을 하여야 하는 건가요?[13)]

즉, "인간은 만물의 척도"라는 생각이 가지는 문제점 중에서 가장 먼저 제기할 수 있는 것은, 인간인 누군가의 척도(여기서는 '프로타고라스'라고 하자)에 의해 '참'으로 판단된 것에 대한 판단이 필요한 것인지 아니면 조건 없이 '참'이라고 판단하여야 되는지에 대한 문제이다. 인간만이 가지는 보통의 이성이 명확하게 규정되고, 동시에 각 사례에 맞게 언제나 준비되어 있어도 현상은 불확실한 경우의 수가 생길 수가 있는데, 하물며 명확한 기준도 없을 뿐만 아니라 또한 각각의 문제가 가지는 자유로운 기준으로 추정해 보면 '소크라테스'의 문제 제기는 매우 타당해 보인다.

이런 과정으로 유추해 볼 때 '참'인 판단의 조건은 복잡하거

13) 앞의 책, 103쪽.

나 아니면 모호해진다. 핵심은 '참'이라는 것의 기준인데 기준이 불분명한 상황에서 '참'과 '거짓'을 나눈다는 것은 불가능한 일이다. 그러나 분명 '참'이라고 판단되는 사실도 존재한다. 보통의 인식 수준에서도 한결같이 동의되는 '참'이라고 판단되는 것은 무엇인가?

한결같이 동의되는 '참'이라고 판단되는 것의 배후에는 역시 누구에게나 한결같이 동의되는 기준이 존재해야만 한다. 그런데 그 기준이 한결같을수록, 즉 매우 절대적일수록 반드시 반례가 등장하게 된다.

대표적인 한결같이 동의되는 기준으로 '신의 의지'가 있다. 하지만 누구에게나 적용되지는 않는다. 오직 신을 믿는 사람들에게만 이 기준은 한결같다. 그런 이유로 '칸트'는 '신'의 문제를 그의 철학 논의에서 완전히 제외시켰는지도 모른다. '칸트'는 오직 논증 가능한 수학, 물리학 등을 한결같은 기준으로 생각했다. 하지만 '칸트'의 생각도 보통의 인식 수준을 넘어 존재하므로 보통의 인식 수준에서도 한결같이 동의되는 '참'이라고 판단되는 기준은 존재 가능한가?에 대한 의문은 다시 등장할 수밖에 없다.

하여 하는 수 없이 다시 '프로타고라스'로 회귀하게 된다. 즉

"인간은 만물의 척도"라는 지극히 애매한 명제를 수용해야만 하는데 '소크라테스'는 여기에 다시 작은 반론을 제기한다. '소크라테스'는 이렇게 말한다. "그렇다고 여기는 이들보다 그렇지 않다고 여기는 이들이 더 많은 그만큼 그렇다기보다 그렇지 않게 된다."[14] 한마디로 한다면 다수결에 의하자는 이야기다.

보통의 인식 수준에서도 한결같이 동의되는 기준을 다수결로 하자는 '소크라테스'의 이야기가 약간 엉성해 보이지만 수긍이 가는 면도 없지 않다.

14) 앞의 책, 104쪽.

3. 언어

“우리가 봄으로써 지각하거나 들음으로써 지각하는 것들이 무엇이든 그 모든 것들을 지각하는 동시에 알게 되는 것에 동의할 수 있을까? 이를테면 우리가 이민족 사람들의 말을 배우기 전이라면 그들이 소리를 내서 말하고 있음에도 우리가 듣지 못한다고 이야기해야 할까, 아니면 그들이 하는 말을 우리가 듣기도 하고 알기도 하는 것이라고 해야 할까? 그리고 또, 우리가 글자들을 알지 못하면서 그것들에 눈길을 줄 때는 그것들을 못 보는 것이라고 주장해야 할까, 아니면 보고 있는 한에서 아는 것이라고 주장해야 할까?”[15)]

풀이해 보자면, 알 수 없는 언어를 듣는 순간에, 그 언어를 알지 못한다면 우리의 지각(청각)으로 전해오는 그들의 언어는 소음 정도일 것이다. 어쩌면 ‘앎’은 ‘지각’을 기초로 하지 않을 수도 있다는 의미로 해석될 수 있다. 오히려 ‘지각’이 ‘앎’을 기초로 하여 작동하는 것은 아닐까?

하지만 조금 방향을 틀어 생각해 보면 ‘소크라테스’의 주장에 약간의 빈틈을 발견할 수 있다. 즉, 언어는 말하는 이의 표정

15) 앞의 책, 83쪽.

과 태도, 그리고 상황 맥락에 영향을 받기 때문에 전혀 모르는 언어라 할지라도 말하는 상대방을 보고 그 자리에 있으면 정확한 의미는 아니지만 비슷하게 이해되기도 하는데 여기에는 단순히 청각이라는 지각 외에 시각, 그리고 일반적인 오감을 넘어서는 특별한 감각의 교류가 있음을 '소크라테스'는 간과하고 있다. 즉, 태도와 상황을 '이해'하는 능력인데 이것은 일반적으로 인간의 오감의 범위로 설명할 수는 없다.

'소크라테스'의 이야기를 듣고 있던 '테아이테토스'도 자신의 의견을 피력한다.

"소크라테스 선생님, 그것들 중 우리가 보고 듣는 것은 바로 보고 들은 만큼은 안다고 우린 말할 것입니다. 그것들 중 글자의 모양과 색깔은 보기도 하고 알기도 하며, 소리의 높낮이는 듣는 동시에 안다고 말입니다."[16)]

'테아이테토스'는 태도나 상황을 이야기하지는 않았지만 모양이나 색깔, 높낮이로 알 수 있다고 말하면서 소크라테스의 이야기에 전적으로 동의하지 않고 있음을 밝힌다.

16) 앞의 책, 83쪽.

'앎'을 나타내는 한자들 대부분은 말씀 언言이 붙어있는 '회의'(뜻을 합쳐서 새로운 뜻을 나타내는 방식) 또는 '형성'(뜻을 나타내는 부분과 음을 나타내는 부분이 합쳐져 새로운 의미를 만들어내는 방식) 글자가 대부분이다. 대표적으로 량諒, 식識, 인認, 암諳 등이 있는데 여기서 언言의 역할은 글자 그대로 말, 문자를 의미하며 그것을 받아들이는 경로 혹은 방식에 따라 글자가 만들어지고 의미가 부여된 것이다.

'앎'을 완벽하게 영어로 번역하기는 곤란하지만 유사한 의미로 'Knowing'이 있는데 여기서 'know'의 어원적 의미는 'be able to distinguish'(구별할 수 있는 능력)와 'perceive or understand as a fact or truth'(사실과 진실을 이해하거나 수용하는 것)라는 뜻이며, 그 조건이나 바탕에는 역시 '언어'라는 매개체가 있음을 알 수 있다.

결국 동서양의 '앎'에 대한 논의는 '언어'를 기반으로 이루어지는 작용이라는 공통점이 있는 것이다. 따라서 '소크라테스'의 예시는 세부적인 흠결欠缺[17]은 있을지 몰라도 전체적으로 매우 타당한 예증으로 볼 수 있다.

17) 흠결: 부족하거나 특정 부분이 모자람.

다음에 등장하는 문제는 '기억'이다.

역시 '소크라테스'의 이야기를 보자.

"어떤 사람이 어떤 것에 대해 '앎'을 갖게 된 경우, 바로 어떤 것에 대한 '기억'을 계속해서 가지고 있고 보존하고 있다면, 그가 '기억'을 하고 있는 그 순간에 '기억'하는 바로 그것을 알지 못하는 것이 가능한가?"[18]

풀이하자면 이런 말이다. 어떤 것을 알고 있고, 알고 있으니 그것에 대한 기억을 하고 있다고 가정할 수 있다. 그러면 그 기억이 지속되는 동안에 그것을 알지 못한다는 것은 불가능한 이야기라는 의미다.

일단 어떤 것에 대한 기억이 유지되는 기간 동안에는 그것을 알고 있다는 말에 동의할 수 있다. 하지만 그 어떤 것에 대한 최초의 기억이 사라졌다고 해서 그것에 대한 '앎'이 사라졌다고 말하기는 곤란한 부분이 있다. 그 곤란한 지점이 '이해'理解인데 이해는 '앎'과 기억의 중간에 존재한다. (여기서는 뇌 과학 관련 논의는 하지 않기로 한다.)

18) 앞의 책, 84쪽.

'이해'는 결국 '앎'과 '기억'을 연결시키는 다리인데 '소크라테스'는『테아이테토스』로 한정해서 본다면 이 '이해'의 부분을 간과하고 있는 것으로 보인다.

4. 소크라테스의 점토 비유

'소크라테스'는 지식에 대해 설명하면서 '점토'의 예를 들어 설명한다.

'소크라테스'에게 "'점토'란 무엇인가?"라고 물었다.

'소크라테스'는 이렇게 답한다. "이 질문에 옹기장이들의 '점토'와 화덕장이들의 '점토', 그리고 벽돌장이들의 '점토' 각각의 것이 '점토'라고 대답한다면, 그것은 '점토' 자체에 대한 지식을 말하는 것이 아니라 그것들의 쓰임에 대해서 말하는 것이라네."[19)]

그러면 '점토'는 과연 무엇인가?

속성을 이야기해야 하는 것인가? 이를테면 '점토'의 속성, 예를 들어 '점토'들의 각 입자의 크기는 무엇인지, 성분은 무엇이며 다른 종류와의 구별 기준은 무엇인지를 이야기하는 것이 '점토'의 설명일까?

19) 앞의 책, 39쪽.

'소크라테스'는 이 지점에서 분위기를 바꾼다.

즉, "우리가 점토를 언급할 때면, '조각가들의'라는 말을 덧붙여 대답하든, 그 밖의 다른 '어떤 장인들의'라는 말을 덧붙여 대답하든 간에, 질문을 던진 쪽이 우리 쪽의 대답을 통해 이해한다고 우리가 여기고 있기 때문이네. 아니면 자네('테아이테토스')는, 어떤 것에 대해 그것이 무엇인지 알지 못할 때 그것에 대한 어떤 이름을 누군가가 이해하리라고 생각하나?"[20] 라고 말한다.

마지막 부분의 "어떤 것에 대해 그것이 무엇인지 알지 못할 때 그것에 대한 어떤 이름을 누군가가 이해하리라고 생각하나?"는 정확하게 무슨 의미인가?

다른 말로 바꾸면 어떤 것의 '무엇임'을 알지 못하면, 그 어떤 것에 대한 이름 또한 이해하지 못한다는 주장이다. 즉 '점토'가 무엇인지 모른다면 '점토'라는 용어조차 쓸 수 없다는 이야기가 된다. 바꾸어 말하면 '점토'라는 용어를 쓰면 그것이 무엇인 줄 알고 쓴다는 의미인데, 역시 이 말을 확대 해석하면 '점토'라고 쓰는 순간 이미 우리는 '점토'라는 지식을 가지고 있다는 것이 되고 만다.

20) 앞의 책, 40쪽.

이 이야기를 쓴 사람이 '플라톤'이니 '플라톤'은 아마도 이렇게 믿고 있었는지도 모른다. 하지만 누가 보아도 이 부분은 오류에 가깝다.

이 이론은 '게치'(Peter Geach)[21] 나 '비트겐슈타인'(Ludwig Wittgenstein)[22] 등에 의해 비판받는다. 그 비판의 요지는 이러하다.

위에서 말한 "점토라는 용어를 쓰면 그것이 무엇인 줄 알고 쓴다는 의미"를 우리는 '정의적 앎'이라고 부르기로 하자. '플라톤'의 논지는 '정의적 앎'이 없으면 언어를 사용할 수 없다는 매우 불합리한 결론에 도달하는데 이것에 문제가 있다는 것이다. 예를 들어 어떤 것의 '무엇임'을 알지 못한 상태에서 그것의 이름을 사용할 경우, 그 사용은 그 낱말의 의미를 전혀 모른다는 것을 뜻하는 것이 아니라 '엄밀하고 정확한 이해를 하지 못한다'는 정도를 뜻하는 것에 지나지 않기 때문이다.[23]

21) 피터 토머스 게치(Peter Thomas Geach, 1916년~2013년): 영국의 철학자이자 논리학자.

22) 루트비히 요제프 요한 비트겐슈타인(Ludwig Josef Johann Wittgenstein, 1889년~1951년): 오스트리아 출신으로 영국에서 활약한 철학자로서 논리학, 수학 철학, 심리 철학, 언어 철학에 업적을 남김.

23) 이 내용은 비트겐슈타인이 남긴 강의 노트를 편집한 책 『'철학적 조사'를 위한 예비 연구』(Preliminary Studies for the 'Philosophical Investigations')로 흔히 알려져 있는

정리하자면 '소크라테스'가 '점토'에 대해 이야기하면서 각각의 장인들의 예를 인용한 것은, 그 각각의 장인들은 자신이 사용하는 '점토'에 대해서는 충분히 알고 있다는 가정을 가지고 그들의 견해를 인용한 것이다. 이를테면 조각가는 조각가가 필요한 만큼 충분하게 '점토'를 알고 있기 때문에 조각가의 '점토' 설명을 인용하여 설명한다. 하지만 그 설명을 조각가가 아닌 우리가 했을 때 위에서 말한 것처럼 우리가 마치 '점토'를 알고 있는 것처럼 오인될 소지가 있는 것이다.

이와 같이 '앎'이란 대단히 미묘한 문제를 해결해야만 도달할 수 있는 경지일지도 모른다.

그러다가 문득 '소크라테스'는 '점토'를 이렇게 정의해 버린다.

'점토'는 누구의 것인가를 제쳐두고 "물로 반죽된 흙이다."라고 평범하고 단순하게 대답할 수 있다고 말한다.[24)]

어쩌면 '플라톤'은 이 이야기를 서술하면서 우리와 같은 지점

『청색, 갈색 책』 Blackwell Publishers Ltd. 1958. 내용 참조.

24) 『테아이테토스』, 플라톤, 정준영 옮김, 이카넷, 2022. 41쪽.

에서 스스로 논리적 오류를 느꼈을지도 모를 일이다. 물론 『테아이테토스』를 해석하면서 그런 주장을 한 사람은 거의 없다. 다만 나의 추측일 뿐이다.

5. 밀랍 서판[25] 의 비유

인간의 기억과 그 기억으로부터 유래된 앎에 대한 '플라톤'식(어쩌면 고대 그리스의 대부분 철학자가 동의했을지도 모를) 비유가 바로 '밀랍으로 된 새김판'이다.[26]

밀랍은 꿀벌 중 일벌의 배 아래쪽에서 분비하는 노란색 천연 왁스이다. 일벌은 이것으로 벌집을 만들고 거기에 알을 낳는다. 즉 자연상태에서 만들어진 벌집의 주재료가 밀랍이다. 고대로부터(거의 1만 년 전부터) 인간들은 벌을 사육했으며 거기에서 나오는 밀랍을 이용하여 다양한 것들을 만들었다.

『테아이테토스』의 '밀랍 서판, 혹은 새김판'(kerinon ekmageion)의 비유는 '인상'印象(typos)이 찍히거나 박히는 판을 뜻한다. 하지만 'ekmageion'[27] 은 무엇이 새겨지는 판이 아니라 무엇이 찍히는, 즉 판화처럼 찍어내는 원판의 의미가 강하다. 그

25) 'kerinon ekmageion.'

26) 앞의 책, 160쪽.

27) ekmageion: 플라톤은, '있음'은 '없음'이란 과정을 통해 만들어진 질서라고 상상했다. 그리고 '없음'과 '있음' 사이에 있는 말로는 형용할 수 없는 제3의 공간이자 시간을 그리스어로 '코라χώρα'라고 불렀다. 코라는 무를 유로 만드는 마술상자와 같아서 흔히 여자의 자궁으로 비유했다. 여기서 'ekmageion'은 바로 그 코라 공간이 다양한 것들을 수용할 수 있는 '새김바탕'이라는 의미이다(플라톤, 박종현 · 김영균 옮김, 『티마이오스』, 서광사, 2000.).

러나 실제 사용되었던 밀랍 서판은 주로 예리한 물건으로 긁어서 글씨를 쓰는 것이었으니 찍어낸다는 의미보다는 중요한 내용을 저장하는 장치(오늘날의 작은 기록장, 나아가 컴퓨터의 모든 기록 프로그램)로 활용되었을 것이다. 당시 일반적으로 사용된 서판으로는 돌, 나무 등이 있지만, 그런 것들은 한번 사용하면 다시는 지울 수가 없다. 이런 문제를 해결한 것이 경화된 밀랍인데, 기존의 것을 지우고 새로 쓸 수 있어서 고대 그리스뿐만 아니라 여러 곳에서 일반적으로 활용되었다.

'밀랍 서판'의 비유로 볼 때, '플라톤'이 생각하는 기억은 단지 기록된 사실에만 한정되는 것으로 이해할 수 있다. 역시 이 말의 배후에는 미리 쓰인 것은 아무것도 없는 상황이 가정된다. 설사 있다고 하더라도 지우고 새로 쓰는 순간 이전의 것은 사라져버리는 것이다.

이 지점에서 동양의 인식론과 차이를 보인다. 동양 인식론을 대표하는 것은 불교의 '중관론'과 '유식론'이다. '중관론'과 '유식론'을 관통하는 중요한 생각 하나는 어떤 경우라도 그 바탕이 존재한다는 것이다. 하지만 그 바탕은 우리의 감각에 의해 유有, 무無로 감지되는 것이 아니라 일정한 조건으로서 상황이 조성되는 순간 드러나게 되는 것이니, 앞서 서양의 '밀랍 서판'처럼 완전히 삭제되어 아무것도 없는 상황과는 큰 차이가 있게 되는 것이다.

흔히 서양철학자들은 동양에는 인식론이 없다고 말한다. 하지만 동양 철학에서 인식론은 서양의 인식론처럼 철학의 분류상 하나의 가지를 이루는 것이 아니라 전체 철학에 통섭統攝되어 있어서 구분이 곤란할 뿐이다. 즉 특별한 부분만을 인식론이라고 분류할 수 없을 만큼 전체 철학에 깊이 녹아들어 있다.

우리가 잘 아는 '이율곡'[28] 의 '격몽요결'擊蒙要訣[29] 의 '격몽'의 예를 들어보자. '격몽'擊蒙은 '어리석음을 깨우친다.'라는 뜻이며 '몽'蒙 자는『주역』周易 '몽괘'蒙卦에서 유래한 것이다. '몽괘'蒙卦의 효사를 풀이해 보면 '동몽'童蒙으로부터 '발몽'發蒙, '포몽'包蒙, '곤몽'困蒙, '격몽'擊蒙 등이 있는데 '동몽'은 스스로 깨우치도록 하는 것이고(동몽선습童蒙先習), '포몽'은 덕을 바탕으로 인화人和와 포용을 가르치는 것이다. 그리고 '발몽'은 높은 수준은 아니지만 전체를 아우르는 것이며 '곤몽'은 피해야 하는 것으로서 억지로 강요하지 않는 것이다. 그리고 '격몽'은 마치 현재의 의무 교육처럼 공동체의 유지를 위해 필요한, 반드시 알고 있어야 하는 것이다.[30]

이와 같은 설명을 통해 교육의 진정한 목표는 자연과 인간의

28) 이이(李珥, 1536년~1584년)는 조선의 문신이자 성리학자. 서인의 영수領袖이며 성리학에서의 이기일원론을 주장한 것으로 잘 알려져 있다.

29) 조선 시대에, 율곡 이이가 한문으로 지은 어린이용 학습서.

30)『새로 쓰는 주역강의』, 서대원 지음, 뜻있는 도서출판, 2020. 65쪽 참조.

합일에 있음을 강조하고 있다.(이 지점이 바로 동양의 인식론이 스며든 부분으로 해석할 수 있다.) 단지 교육이 자연과 인간이 만든 논리나 기술을 가르치고 배우는 것만으로는 부족하다는 것이다. 이런 교육으로는 권력과 명성을 탐하는 이들을 얻을 수 있을지는 몰라도, 공동체가 처한 어려움을 극복하지는 못한다.

그러므로 유학에 있어서 학문의 목적은 곧 인간의 본성을 회복하여 성인이 된다고 하는 인격의 완성을 통하여 사회를 바로잡고 문화를 창조하는 '외왕'外王[31] 이라는 목표(외부적으로 완전한 인격체)를 완성하고자 하는 것이라고도 할 수 있다. 그러므로 유학에 있어서의 학문이란 관념적인 사변思辨이나 인식론적인 논증이 포함되어야 하고 또 동시에 실천적인 것이어야 한다.

근대에 영국 경험론자들이 인간의 마음을 '빈 서판'(blank slate)으로 이해하는 것은 이미 잘 알려져 있는데, 대표적으로 '로크'[32] 는 이 사실을 '밀랍'(Wax)을 인용하여 설명한다.[33] 그는 또 '외적 감각'과 '내적 감각'을 나누고 각각의 것들을 이렇게 설

31) 여기서 외왕外王이란 내성외왕內聖外王에서 유래한 말로서 내면의 덕을 기준으로 말하면 성인이고, 밖으로 나타나는 신분으로는 제왕인 사람으로 요순을 비롯한 유가의 聖王을 말한다. 『장자』 '천하'

32) 존 로크(John Locke, 1632년~1704년): 잉글랜드 왕국의 철학자 · 정치사상가이다. 로크는 영국의 본격적인 첫 경험론 철학자로 평가를 받는다.

33) 『인간오성론』 An Essay Concerning Human Understanding, II. 29. §53.

명한다. 즉 그것들만이 '빛이 암실에 깃들 수 있게 해 주는 창문들'[34] 이라고 주장한다.

즉 '로크'는 인간의 마음이나 사유를 '암실'(dark Room)에 비유하는데, 이 문제는 훗날 '라이프니츠'에 의해 비판받게 된다. 아이러니하게도 그 비판의 과정에서 '라이프니츠'가 사용한 단어가 바로 'tabula rasa'(라틴어, 지워진 서판)였다.[35] 그 내용을 인용하면 다음과 같다.(원문에는 '필라레테스Philalethes-진리를 사랑하는 자'라는 허명이 서술하는 것으로 되어 있다.)

Are there innate principles in the mind of man?
인간의 마음에는 타고난(선천적인) 원리가 있는가?

that there is vacuum and there are atoms,
진공이 있고 원자가 있다는 것,

that matter could think,
생각할 수 있는 물질은 있으나,

that there are no innate ideas,
타고난 관념은 없다는 것,

*that our mind is a **'tabula rasa'** = 'an empty page', and*
(그래서)우리의 마음은 타불라 라사, 즉 빈 페이지라는 것, 그리고

34) 'the Windows by which light is let into this dark Room.' (『인간오성론』 II. 11. §17)
35) 『인간오성신론』 프랑스어–Nouveaux essais sur l'entendement humain, 영어–New Essays on Human Understanding, BOOK I, Chapter i

that we don't think all the time.
우리는 항상 생각하지 않는다는 사실.(무엇을? 빈 페이지라는 것을)

이후 'tabula rasa'는 영국의 경험주의가 가지는 인간의 본성에 대한 견해를 대표하는 단어로 굳어지게 되었다.[36)]

36) 73쪽 이하 참조.

제3절 지식

국립국어원에서 펴낸 표준국어대사전에서는 '지식'을 다음과 같이 설명하고 있다.

설명 1: 어떤 대상에 대하여 배우거나 실천을 통하여 알게 된 명확한 인식이나 이해를 말한다.

일단 '지식'은 배움을 기초로 한다. 배운다는 것은 모르던 것을 다른 사람의 도움으로 알게 되는 것이다. 알게 된 것은 쉽게 잊히기 때문에 지속적으로 반복해야 하는데 이것이 '실천'이다. 그렇게 해서 자신에게 정립된 사실을 다시 의심해보는 과정을 거쳐 마침내 그 사실을 완전하게 수용하는 단계를 '지식'이라고 말할 수 있다.

설명 2: 알고 있는 내용이나 사물.

즉 설명 1의 상황에 이른 사실과 그것이 가리키는 대상을 포함하여 그 대상에 대한 이해까지로 '지식'의 범위가 넓어진다.

설명 3: 철학에서 '인식'에 의하여 얻어진 성과로서 사물에 대

한 단편적인 사실이나 경험적 '인식'을 말하며, 객관적 타당성을 요구할 수 있는 판단의 체계

설명 1의 상황을 기초로 하여 획득된 대상에 대한 명확한 사고의 과정이 체계화된 결과물로 이어져 이 체계를 기초로 하여 다른 사물, 대상에 대한 해석이나 이해까지도 가능할 수 있게 만드는 생각의 구조 또는 생각의 방식을 '지식'이라 부를 수 있다.

한자 知識에서 식識은 말씀 언言, 소리 음音, 창 과戈가 합쳐진 형성 글자로서 말과 소리를 창으로 새긴다는 의미가 '알다'로 정착된 것이다. 위에서 말한 내용과 비슷한 의미다.

1. 직관

'직감'直感과 '직관'直觀은 혼동하기 쉽다. 일반적으로 '직감'은 대상에 대한 감각적 경험에 의한 반응이다. 그러나 '직관'은 사태나 대상에 대한 감각이나 더 나아가 사유를 거치지 않는, 즉각적이며 직접적인 반응이다. 한자는 다르게 쓰지만 영어는 이 두 가지를 거의 구분하지 않고 'Intuition'으로 표현한다. 'Intuition'의 어원을 살펴보면 15세기 중반에 사용된 신학적인 용어로서 'intuicioun'(즉 통찰력, 직접적 또는 즉각적인 인식, 영적 인식)이었다. 이 말은 라틴어 'intuitionem'(주격 intuitio)에서 유래되었고 이것은 'intueri'(고려考慮)라는 어간에서 유래되었다는 것이 통설이다.

사실 모든 '지식'의 기초에는 '직관'이 자리 잡고 있다. 이를테면 '직관' 없는 '지식'이란 존재하기 어렵다. 우리가 알고 있는 천재들이 이루어 놓은 놀라운 성과 뒤에는 모두 이 '직관'이 자리 잡고 있다. 천재들은 그 '직관'을 논리적으로 증명하고 대중에게 알리기 위해 다시 과학적, 수학적, 논리적 방법을 사용했을 뿐이다. 때로는 음악이나 미술로도 표현된다. 우리가 잘 아는 '뉴턴'[37] 의 '만유인력'[38] 도 '뉴턴'의 직관에서 비롯되었다는

37) 아이작 뉴턴(Isaac Newton, 1643년~1727년): 잉글랜드의 수학자, 물리학자, 천문학자이다.

38) 만유인력萬有引力(law of universal gravity)이란 질량을 가진 물체 사이의 중력 끌림

것이 정설이다. '베토벤'[39] 의 아홉 개의 교향곡이 그저 지난한 노력으로만 이루어진 것이 아니라 작곡을 매우 열심히 공부한 대부분의 사람에게는 존재하지 않는 위대한 '직관'이 작용했다는 것을 베토벤 음악을 들어 본 사람은 알고 있다.

우리에게 친숙한 물리학자 '리처드 파인만'[40] 이 "수학은 우리가 본질이라고 이해한 것을 '표현'하는 형식일 뿐이지 이해의 내용이 아니다"[41] 라고 말하고 있는 것처럼 '직관'은 우리가 읽고 듣고 보는 천재들에 의해 창조된 결과물의 근원인 것이다.

그러면 직관은 도대체 어떻게 발현되는 것인가? 정확하지는 않지만 '직관'의 수많은 배후 요인들 중에는 분명 '통찰력'이 존재한다. '통찰'洞察(Insight)이란 예민한 관찰(acute observation)의

을 기술하는 물리학 법칙이다. 이 법칙은 아이작 뉴턴의 1687년 발표된 Principia(자연철학의 수학적 원리)를 통해 처음 소개되었다.

39) 루트비히 판 베토벤(Ludwig van Beethoven, 1770년~1827년): 독일의 서양 고전 음악 작곡가이자 피아니스트이다. 독일의 본에서 태어났으며, 성인이 된 이후 거의 오스트리아 빈에서 살았다. 고전주의와 낭만주의의 전환기에 활동한 주요 음악가이며, 종종 영웅적인 인물로도 묘사된다. 음악의 성인聖人 즉 악성樂聖이라는 별칭으로도 불린다.

40) 리처드 필립스 파인먼(Richard Phillips Feynman, 1918년 ~1988년): 미국의 이론물리학자이다. 양자역학의 경로 적분 공식화, 양자 전기역학의 이론, 과 냉각 액체 헬륨의 초유체 물리학, 그리고 쪽입자 모형을 제안한 입자 물리학의 연구로 유명하며 양자 전기역학의 발전에 기여한 공로로 1965년 줄리언 슈윙거, 도모나가 신이치로와 공동으로 노벨 물리학상을 받았다.

41) 『생각의 탄생』, 로버트 루트번스타인, 미셸 루트번스타인 지음, 박종성 옮김, 에코의 서재, 2018, 25쪽.

바탕 위에 '추론'推論(deduction)과 '안목'眼目(discernment)이 더해지고, 거기에 당사자의 '인지'認知(perception)능력과 충분한 '지성'知性(intellection)이 연합적으로 작용하는 것으로, '통찰력'이란 이러한 능력의 총합을 의미한다.

'지식'이 '통찰력'에 기초한 '직관'의 작용이라면 과연 보통의 우리에게 '지식'이란 존재할 수 있는 것인가? 안타깝지만 우리에게 있는 '지식'의 대부분은 습득(배움과 익힘)의 산물이다. 저 유명한 '공자'께서도 배우고 익혀야만 한다고 말씀하셨다.[42] 따라서 우리는 일정한 경로를 통해 지식의 세계에 접근할 뿐이다. 그 경로 중 알려진 것은 다음과 같다.

일반적으로 '지식'은 "참(True)이며 믿을 수 있고(Belief), 정당화(Justified)된 확인 절차를 거친 것", 다시 간략히 말하면 "정당화(J)된 참된(T) 믿음(B)"이 지식이라고 정의된다. 정의된 지식을 이해하기 위해서는 다시 수많은 문제(참, 믿음, 정당한, 확인절차 등)를 규명하여야 한다. 하지만 이 J.T.B. 정의는 '게티어'(Edmund Gettier)[43]라는 철학자의 3쪽짜리 논문에 의해 위기

42) 子曰 學而時習之 不亦說乎!(자왈 학이시습지 불역열호) 배우고 때로 익히면 즐겁지 아니한가!

43) 에드먼드 리 게티어(Edmund Lee Gettier, 1927년~2021년): 미국의 철학자. 그는 1963년의 그의 짧은 논문 "정당한 믿음은 지식인가?"로 가장 잘 알려져 있다. 이 논문은 게티어 문제로 알려진 문제에 대응하기 위한 광범위한 철학 문헌을 야기했다.

를 맞이하고 만다.

알고 있다는 것의 배후는 이렇게 복잡하다. 어쨌거나 통찰력은 느낌이나 감정과 연결 고리를 가지는데 일반적으로 '지식'이 명철한 이성의 영역이라고 생각했던 우리에게는, 이것이 감정적 연결 고리로 이어진다는 것이 당황스럽기는 하다. 하지만 앞서 말했듯이 우리가 알고 있는 대부분의 '지식'은 우리로부터 출현한 것이 아닌 습득의 산물이라고 본다면 그것이 감정적 연결 고리를 가졌다고 해서 이상해할 이유는 없다.

결국 우리는 '직관'이 '직감'과 전혀 다른 의미가 아니라는 것에 도달하고 만다. 첫 부분에 밝힌 '직감'이 대상에 대한 감각적 경험의 반응이라고 정의한 것에 비춰 본다면 '직관'의 바탕이 되는 '통찰'은 이 두 개의 개념 사이에 존재하는 다리와 같은 부분이 될 것인데 '통찰'이라는 개념 밑으로 파생되는 '관찰'[44) '유추'[45) '변형'[46) 등의 작용이 있을 수 있다.

44) 관찰觀察(Observation): 관찰은 단지 수동적으로 보는 행위와는 다르다. 따라서 모든 지식은 관찰에서 비롯된다. 세계를 정밀하게 관찰할 수 있어야 유형을 구분해내고, 유형으로부터 원리를 끄집어낼 수 있다.

45) 유추類推(Inference): 관찰을 통해 얻어진 둘 또는 그 이상의 현상 사이에서 유사성, 관련성을 알아내는 것이다. 따라서 유추는 우리가 기존의 지식으로부터 새로운 세계로 나아갈 수 있게 도와준다.

46) 변형變形(Modify): 여러 가지 생각 도구를 연속적, 혹은 동시에 사용하여 서로 영향을 주고받거나 작용하게 하는 것을 말한다. 새롭고 다른 세계를 연결하는 메타(meta) 영역으로 나아갈 수 있다. (『생각의 탄생』, 로버트 루트번스타인, 미셸 루트번스타인 지음, 박종성 옮김, 에코의서재, 2018.).

2. 게티어 문제

앞서 밝혔듯이[47] '지식'(여기서는 '앎' 같은 의미로 사용한다.)은 일반적으로 "참(True)이며 믿을 수 있고(Belief), 정당화(Justified)된 확인 절차를 거친 것"이라고 정의한다. 즉 "정당화(J)된 참된(T) 믿음(B)"이 '지식'이다. 이 '지식'을 이해하기 위해서는 다시 '참', '믿음', '정당화' 등을 규명하여야 한다. 그리하여 이 문제들은 다시 다양한 학문과 연결된다.

하지만 이 정의는 '게티어'의 3쪽짜리 논문('Is Justified True Belief Knowledge?'-정당화된 참인 믿음은 지식인가?)에 의해 위기를 맞이한다. '게티어'가 이 논문을 발표할 당시에는 큰 반향이 없었으나 이후 지속적으로 문제 제기가 되고 있는 논문이다. 그 논문에 대해서 짧게 이야기해 보자.

일단 'JTB', 즉 "정당화(J)된 참된(T) 믿음(B)"이 '지식'이라고 가정하고 하나씩 짚어 보자.

♥ 명제 P는 '참'이다. 이때 '참'(True)에 대한 정의는 철학의 또 다른 영역(진리론)이므로 여기서는 이야기하지 않는다.

♥ 내가 명제 P를 믿는 것이 정당하다(Justified)면 '진리'라고

47) 51쪽 본문 참조.

가정한다.

♥ 내가 그 명제 P를 믿는다(Belief) → 이것이 '지식'이라고 말할 수 있다.

여기서 여러 문제가 생긴다. 먼저 '정당하다'는 것은 무엇인가? 여기서는 일단 '적합한 증거'가 있는 상황을 말한다. 근본적으로는 '인식적 정당화'(epistemic justification) 문제가 나타나는데 이 문제 역시 또 다른 영역의 문제이기 때문에 여기서는 '내가 명제 P를 믿는 데 적합한 증거가 있다' 정도로 이해한다. 하지만 여기에도 두 가지 조건이 전제된다.

♤ 거짓인 명제에 대한 믿음도 정당화될 수 있다.

예시) 실제로 지구는 태양 주위를 공전하는데, 태양이 지구 주위를 돌고 있다고 믿은 것은 당시의 과학적 방법에 입각하여 성취된 완전한 과학이라고 한다면 그 믿음은 한시적이기는 하지만 정당하다. (인류 역사 수천 년 동안 유지되었던 '코페르니쿠스'[48] 이전의 학설)

♤ 만약 내가 명제 P를 믿는 것이 정당화되고, 명제 P가 Q를

48) 코페르니쿠스(Nicolaus Copernicus, 1473년~1543년) 폴란드 토룬 출신의 사제이자 천문학자로 지동설을 주장함.

포함(함축)하고 동시에 내가 명제 P로부터 Q를 도출할 수 있다면 Q를 믿는 것 역시 정당하다.

예시) '살아 있는 것은 반드시 죽는다'를 믿는 것이 정당하다면, 그 논리에 포섭될 수 있는 '호랑이는 죽는다'를 믿는 것도 정당하다.

위의 세 가지 조건(Justified, True, Belief)의 앞 글자를 각각 따서 만든 줄임말이 이른바 지식의 'JTB 조건'으로서, '지식'은 이 JTB 조건과 '필요충분조건'[49] 의 관계에 있다고 믿어왔다.

그런데 '게티어'가 이런 JTB 조건은 만족하지만, '지식'이 아닌 사례가 존재한다고 주장했다. 즉 'JTB 조건'의 진리집합을 A, '앎'의 진리집합을 B라 하였을 때, A-B에 속하는 반례가 있다고 말한 것이다.(논리적으로는 A와 B는 완전하게 일치하여야 한다.)

반례) 이미 고장 나 있었던 시계 읽기 예시(JTB 조건으로)로 해석해 보자.

♣ 내가 시계를 보니 9시 32분이었다.

- 시계는 항상 참이다.(True)

49) 필요충분조건(Necessity and sufficiency): 'P이면 Q이고, Q이면 P이다.'에서 P는 Q의 필요충분조건이며, Q도 역시 P의 필요충분조건이라 한다.

- 내가 그 시계를 보고 시간을 파악한 것은 정당하다. (Justified)–적합한 증거
- 그래서 9시 32분으로 믿었다.(Belief)– '지식'

♧ 그런데 …… 시계는 처음부터 고장 나 있었고 우연하게 내가 시계를 본 실제 시간도 9시 32분이었으며 고장 난 그 시계도 9시 32분을 가리키고 있었다. 그 순간 내가 그 시계를 읽었고 나는 시계는 참이라고 판단하였기에 그 시간을 믿었다. '지식'의 3가지 조건 중 맨 처음 조건인 시계가 참이라는 조건이 '거짓'이었다. 그래서 실제 시간이 9시 32분이 맞음에도 불구하고 내가 믿는 것은 잘못된 '지식'이라는 것이다.

즉, 내가 시계를 읽고 믿은 것은 JTB 조건의 진리집합의 범위에 있었지만, 처음부터 잘못된 명제(나의 객관적 주관적 의지와는 무관한)를 믿었으므로 '지식'의 진리집합 B와 일치할 수 없게 된 것이다.

여기서 많은 학자들은 다양한 조건을 추가하고자 하지만 조건을 추가하면 할수록 반례는 많아지게 되기 때문에 여전히 '게티어' 문제는 지식과 앎에 대한 혼돈 지점으로 남아있다.

3. 착오판단

'플라톤'[50] 의 착오판단(allodoxia)과 '혜시'[51] 의 역설逆說

'플라톤'의 착오판단은 어떤 것을 다른 것으로 잘못 인식하고 그에 기초한 판단을 가리킨다. 여기서 '착오'錯誤는 매우 좁은 개념인데 거의 '앞뒤가 바뀐 정도'의 가벼운 의미로서 우리말의 착오, 즉 '완전히 다른 것으로 인식'한다는 의미는 아니다. 따라서 착오판단의 '착오'는 영어 'mismatching'(어긋남) 정도로 이해하는 것이 적절하다.

『테아이테토스』에서 '소크라테스'가 예를 든 '착오판단'은 이런 것들이다.

50) 플라톤('플라톤'이라는 이름의 사전적 의미는 "어깨 폭이 넓은"의 뜻이다. 본명은 '아리스토클레스'이다. 기원전 424년~기원전 348년): 다양한 서양 학문에 영향력 있는 그리스의 철학자이자 사상가, 객관적 관념론(objective idealism)의 창시자이다. 그는 소크라테스의 제자, 아리스토텔레스의 스승이며, 대학의 원형인 고등 교육 기관 '아카데메이아'의 설립자였다.

51) 혜시(惠施, 기원전 370년경~310년경): 중국 전국 시대의 정치가, 사상가. 전국시대 송나라 사람으로, 위나라가 주 활동지이며, 위나라 혜왕 때 재상이 되었다. 그는 공손룡公孫龍과 더불어서 제자백가 중 명가名家의 대표적 인물이다. 그의 저술은 매우 많았다고 하나, 현재 전해지는 것은 없다. 『장자』 '천하' 편에 이른바 '역물십사歷物十事'라 불리는 10개의 명제가 전해지고 있다. 이 명제들은 모두 모순된 명제들이다. 증명 없이 결론 명제만 10개 제시되었기에, 후대에 많은 증명과 추측이 난무했다.

'느리게 빠르거나 무겁게 가벼운 것', '아름다운 것은 단연 추하다.' '불의한 것이 단연 정의롭다.' '홀수는 전적으로 짝수다.'

이와 비슷한 이야기를 한 사람 중에 『장자』 속의 '혜시'가 있다. 그의 이야기는 『장자』 마지막 '천하' 편에 전해진다. 전해지는 내용은 다음과 같다.

"해는 중천에 떠오르면서 기울기 시작하고, 사물은 생기는 동시에 죽어간다."

"남쪽은 끝이 없지만 남쪽의 끝은 있다."(방향으로서 남쪽은 끝이 없지만, '남쪽'이라는 특정 지역을 말하는 경우에는 끝이 있다.

"오늘 월나라에 갔는데 어제 도착했다."(극단적 모순율)

"이어진 고리는 풀 수 있다."(이어진 고리는 고리가 서로 붙어 있지 않고 비어 있는 공간으로 연결되어 있기 때문에 관념적으로는 얼마든지 풀 수 있다)

"알에 털이 있다."(닭이나 새에는 깃털이 있으니 본질적으로는 알에도 털이 있다고 말 할 수 있다.)

"닭에는 세 개의 발이 있다."(실제 닭의 발은 둘이다. 그리고 '닭의 발'이라는 말(言)을 합치면 모두 셋이 된다는 주장이다. '혜시' 사후 2100년 후, 서양의 '소쉬르'[52] 라는 언어학자가 '랑그'[53] 와 '파롤'[54] 을 분류했는데 아마도 '혜시'의 이야기는 그 이야기의 원류쯤으로 이해될 수 있다.)

"초나라 서울 영郢에 천하가 있다."(공간의 상대성과 무한성)

"개는 양이 될 수 있다."(『장자』 '덕충부德充符'편에 "같은 것을 기준으로 보면 만물이 모두 하나이다. 즉 自其同者視之 자기동자시지 萬物皆一也 만물개일야."를 논리적 배경으로 본다면 이해될 수 있다.)

"불은 뜨겁지 않다."(불이라는 상황 또는 상태는 뜨겁지 않을 수 있다. 다만 뜨겁다고 느끼는 것은 인간이다. 불을 뜨겁다고 느끼는 것은 인간의 감각, 지각의 작용이므로 뜨겁다고 느끼는 것은 어디까지나 인간의 주관적 판단이라는 주장, 따라서 불은 뜨겁지 않다고 할 수도 있다.)

52) 페르디낭 드 소쉬르(Ferdinand de Saussure, 1857년~1913년): 스위스의 언어학자로 근대 구조주의 언어학의 시조로 불린다.

53) 랑그(langue): 사회적이고 체계적인 언어 사용의 측면.

54) 파롤(parole): 개인적인 언어 사용과 관련된 측면.

"산은 사람의 입에서 나온다."(『장자』 '제물론'齊物論에서 "천하天下에는 가을 털의 끝보다 큰 것이 없고 태산太山은 가장 작다.[天下莫大於秋毫之末 而太山爲小 천하막대어추호지말 이태산위소]와 비슷한 의미)

"수레바퀴는 땅에 붙어 있지 않다."(1800년이 지난 뒤 '뉴턴'에 의해 발명된 '미분'[55] 적 사고의 시작점이다.)

"눈은 보지 못한다."(본다는 것은 눈의 작용만 있는 것은 아니다. 빛이라는 매개체가 존재하여야만 가능하다.)

"곱자로 네모를 그릴 수 없고 그림쇠로 원을 그릴 수 없다."("그림쇠와 곱자는 네모와 원을 만드는 지극한 표준이고, 성인은 인륜의 지극한 표준이다[規矩 方圓之至也 聖人 人倫之至也 규구 방원지지야 성인 인륜지지야]."라고 하여 보편적 인륜을 강조하는 『맹자』 '이루편'[56] 의 내용을 반박하는 의미)

55) 미분(微分, Derivative) 또는 도함수(導函數, Derived function): 어떤 함수의 순간 변화율을 구하는 것을 의미한다.

56) 『맹자』 '이루편': 孟子 曰 離婁之明 公輸子之巧 不以規矩 不能成方員 師曠之聰 不以六律 不能正五音 堯舜之道 不以仁政 不能平治天下(맹자 왈 이루지명 공수자지교 불이규구 불능성방원 사광지총 불이육률 불능정오음 요순지도 불이인정 불능평치천하) 맹자孟子께서 말씀하셨다. "이루離婁의 밝은 시력視力과 공수자公輸子의 정교한 기술도 컴퍼스와 곡척을 쓰지 않으면 네모와 원을 그릴 수 없고, 악사樂師인 광曠의 밝은 청력聽力으로도 육률六律을 쓰지 않으면 오음五音을 바로잡을 수 없고, 요순堯舜의 도道로도 인정仁政을 쓰지 않으면 천하를 평화롭게 다스릴 수 없다."

4. 상상력과 관찰

이런 이야기가 있다.

하루는 '피카소'[57] 가 기차를 타고 어딘가로 가고 있었다. 그런 경우에 흔히 일어나는 일이지만 옆 좌석의 신사와 얘기를 나누게 되었다. 그 승객은 자신과 대화를 나누고 있는 상대가 누군지 알고 나자 현대예술이 '실재'를 왜곡하고 있다면서 불평을 늘어놓기 시작했다. 그러자 '피카소'는 그에게 '실재'라는 것의 믿을 만한 본보기가 있다면 그것을 보고 싶다고 했다. 승객은 지갑 크기의 사진을 한 장 꺼내며 이렇게 말했다. "이거요! 진짜 사진이죠. 내 아내와 정말 똑같은 사진이오." '피카소'는 그 사진을 여러 각도에서 주의 깊게 들여다보았다. 위에서도 보고, 아래서도 보고, 옆에서도 보고 나서 '피카소'는 말했다. "당신 부인은 끔찍하게 작군요. 게다가 납작하고요."[58]

'피카소'에게 사진을 보여 준 그 신사는 사진이야말로 '실재'하는 사물 그대로라고 생각했지만 사실 그 신사가 보여 준 것은

57) 파블로 루이스 피카소(Pablo Ruiz Picasso, 1881년~1973년): 스페인 말라가 출신의 화가. 주로 프랑스에서 미술활동을 한 20세기의 대표적 큐비즘 작가다. 대표작으로 '아비뇽의 처녀들', '게르니카' 등이 있다.

58) 『생각의 탄생』, 로버트 루트번스타인, 미셸 루트번스타인 지음, 박종성 옮김, 에코의 서재, 2018, 46쪽.

'피카소'의 말처럼 얇은 종이 위에 '실재'의 사물이 상당한 비율로 축소된 것에 불과하다. 이 장면에서 누가 더 '상상력'이 뛰어난 것인가?

사진을 보여 준 신사는 '실재'하는 자신의 부인이 이 사진이라고 강력하게 믿고 있지만 사진은 그저 사진일 뿐이다. 그러나 한편으로 생각해 본다면 상상력이 없지도 않다. 그 얇고 작은 종이 위에 일정한 비율로 축소된 사람이 자신의 부인이라고 믿는 것은 언제나 그 '실재'의 대상을 보고 느낄 수 있기 때문인데 그 보고 느끼는 상황을 사진이라는 도구를 통해 그대로 유지하는 것이다. 그런데 이것이 '상상력'일까?

우리가 '피카소'의 그림에서 느끼는 '피카소'의 '상상력'과 이 신사의 '상상력'은 어떤 차이가 있을까? 사진을 '실재'라고 믿는 신사의 '상상력'에는 '상상력'이라고 부를 수 있는 중요한 요소인 창조적 요소가 결여되어 있다. '창조적'이라 함은 사실에서 즉각적으로 알아차릴 수 없지만 사실을 토대로 하여 만들어질 수 있는 바탕이 되는, 사실과는 전혀 다른 새로운 사실을 말한다.

따라서 사진에서 자신의 부인을 습관적으로 상상한 신사에게는 우리가 말하는 '상상력'은 전혀 없는 셈이다. 아마도 '피카소'의 이야기를 그 신사는 전혀 알아듣지 못했을 수도 있다. 왜냐하면 '상상력'은 치열한 사실의 탐구에 기초하여야 하고 그 기초를 바탕으로 전혀 새로운 사실을 구축해야 하기 때문이다.

그러면 이러한 '상상력'은 과연 무엇을 기초로 하는가? 상상력이 치열한 사실의 탐구를 기초로 하려면 가장 우선적으로 요구되는 것은 '관찰'이다. '관찰'은 각각의 대상을 정확하게 보는 것으로부터 대상들 사이의 유기적 관계와 그 관계로부터 펼쳐지는 새로운 상황에 이르기까지의 광범위하고 세밀하며 유기적인 작용이어야 한다.

이렇게 '관찰'이 이루어지면 그것으로부터 발생한 정보를 바탕으로 창조적, 즉 새로운 대상을 '형상화'하는 과정으로 이어져야 한다. 예를 들어 인류학의 하위 연구 방법 중 하나인 'Ethnography'가 관찰을 통한 형상화에 이르는 여러 연구 방법 중 하나이다.[59)]

김영천[60)]에 따르면 '에스노그래피'란 "일상적 세계들을 이해하고 기술하는 연구 방법"이라고 기술되어 있는데, 이 말에 기초하여 '에스노그래피'를 정의해 본다면 자신의 주위에 나타

59) 『질적연구방법론 II: Methods』 김영천, 아카데미프레스. 2013.

60) 김영천: 진주교육대학교 교수.

난 모든 대상들을 빠짐없이 관찰하고 그것을 기록하여 그것으로부터 유의미한 상황이나 흐름을 '형상화'해 내는 작업일 것이다.

5. 인지적 통로[61]에 대한 논의

“들음을 통해서 지각하게 된 것들은 봄을 통해서는 지각할 수 없고, 봄을 통해서 지각하게 된 것들은 들음을 통해서는 지각할 수 없다.”[62]

‘소크라테스’는 ‘테아이테토스’에게 이렇게 묻는다. “인간은 무엇에 의해서 흰 것들과 검은 것들을 보며 무엇에 의해서 높은 음들과 낮은 음들을 듣는가?” 그리고 스스로 대답한다. “내 생각에 자네는 눈과 귀에 의해서라고 대답할 것 같군!”

‘소크라테스’는 보고 듣는 이 상황을 두 가지로 나누어 설명한다.

먼저 우리가 보고 들어서 안다는 것은, 이미 우리에게 그것을 감지할 수 있는 ‘바탕’[63] 이 내재하고 있었는데, 외부로부터 보고 들은 것들이 내재된 그것들을 자극하여 ‘지각’되는 경우이고 (‘지각’의 수동성), 또 다른 하나는 그렇게 수동적 ‘지각’들에 의해 불러일으켜지는 또 다른 방식의 ‘지각’이 있다고 가정한다.

61) 'Epistemic route.'

62) 『테아이테토스』 플라톤, 정준영 번역, 아카넷, 2022. 141쪽.

63) '기제機制'로 바꿔 쓸 수도 있다.

이를테면 '소크라테스'에게 있어 '지각'은 매우 다양하고 각각의 '지각'은 서로 통할 수 없는 독립적인 감각으로 인식되고 있었음을 보여준다.

'소크라테스'와 이런 이야기를 주고받던 '테아이테토스'는 이렇게 상황을 정리한다.

"선생님께서는 '있음'과 '있지 않음', '유사성'과 '비유사성', '동일성'과 '타자성', 거기다 그것들과 관련된 '하나' 내지 '그 밖의 모든 경우의 수'를 말씀하시는군요. 그리고 선생님은, 짝수와 홀수뿐만 아니라 뒤따르는 그 밖의 모든 것과 관련해서 묻고 계신 듯합니다. 우리가 그것들을 영혼에 의해서 '지각'할 때, 몸에 속하는 것들 중 어떤 것을 통해서 '지각'하게 되는 것인가 하고 말입니다."[64)]

그러나 '테아이테토스'는 '소크라테스'의 생각에서 더 나아가 우리가 받아들인 '지각'이 그것을 인식하는 바탕 혹은 도구에 의해서뿐만이 아니라 우리가 알 수 없는, 혹은 그 존재 자체도 모르는 특별한 상황에 의해 인식될 수도 있지 않을까 하고 의문을 제기한다.

64) 앞의 책, 143쪽.

하지만 '소크라테스'가 누구인가? '테아이테토스'가 이야기한 것으로부터 '지각'과 '앎'을 분리시킨 뒤 '테아이테토스'가 말한 내용은 여전히 '지각'의 영역이라고 한정한다.

그리고 다시 '소크라테스'는 최초의 논점인 '앎'으로 화제를 돌린다. 즉 '앎'을 다시 한번 정리하고자 한다. '소크라테스'는 '앎'은 결코 '지각'의 범주에서만 찾으면 안 되고, 좀 더 넓고 깊게, 이를테면 영혼 속에서 찾아야 한다고 말한다. 어쩌면 우리는 그것을 '판단'(Doxa)으로 부를 수 있을지도 모른다.

그렇다고 '판단'을 '앎'이라고 말할 수는 없다. 왜냐하면 거짓인 '판단'도 분명히 존재하기 때문이다. 오로지 참인 '판단'이 '앎'일 수 있을 것이다. 그러면 '판단'의 문제에 대하여 이야기해 보기로 하자.

사실 '판단'의 조건이 '앎'인지 '앎'의 조건이 '판단'인지 분명치 못한 부분이 있다. 만약 '판단'의 조건이 '앎'이라면, 알고 있어야 '판단'할 수 있다는 말이 된다. 하지만 '판단'의 오류는 '앎'의 부족에서만 오는 것은 아니다. '판단'에는 '앎'에 부가하여 또 다른 조건이 부가될 수 있다.

그렇다면 '앎'의 조건이 '판단'인가? '판단'에는 다른 조건이 부가되기는 하지만 '앎'이 없이는 '판단'도 없다. 종합해보면 '앎'과 '판단'과의 끝없는 순환과 보완을 통해 결국 궁극의 '앎'에 도달하게 되는 것이다.

'장자'는『장자』에서 '판단'의 어려움을 다음과 설명한다.[65)]

"천하의 시비是非에 관한 '판단'은 결국 결정하기 어려운 것이다." 경우에 따라 달라지는 선과 악을 제시하며 '장자'는 시비의 '판단'이 '앎'과는 무관함을 말한다. 서양 철학에서 그 존재나 그림자조차 찾을 수 없는 '무위'無爲를 통해 이 상황을 정리하려 한다.

"무위無爲의 태도를 지켜야만 비로소 시是와 비非를 결정할 수 있을 것이니~" "하늘은 무위無爲하는지라 그로써 맑음을 유지하고, 땅은 무위無爲하는지라 그 때문에 요동 없이 편안하다." 이 말은 마치 '소크라테스'의 "인간은 무엇에 의해서 흰 것들과 검은 것들을 보며 무엇에 의해서 높은 음들과 낮은 음들을 듣는가?" 그리고 "내 생각에 자네는 눈과 귀에 의해서라고 대답할 것 같군!"과 일맥상통한다.

65)『장자』'지락'

즉 '무위'는 있는 그대로의 세계이며 그것이 '앎'의 기초이고 그로부터 '판단'(Doxa)이 있게 된다는 것이다.

불교에서 언급되는 '인지적 통로' 중 대표적인 예는 바로 '일체유심조'다.

『화엄경』[66] 등 여러 경전에 있는 이 문장은 '마음먹은 대로', '마음먹기 나름이다'라는 등으로 이해된다.

'일체유심조'一切唯心造를 글자 그대로 풀이하면 '모든 것은 마음이 만든다'라는 뜻이다. 이때 '마음'을 의지의 측면에서 이해하여 '마음먹은 대로', '마음먹기 나름이다'라는 뜻으로 받아들이는 듯하다.

이를테면 불교에서는 처음부터 '지식'이란 스스로 만들어 낸 '인연'에 불과하다. 거기에 일조하는 것이 '판단'일 것이나 이 '판단'조차도 결국 '인연'으로부터 발생한다는 것이다.

'용수'[67]는 그의 대표 저작인 『중론』에서 모든 것은 '연기'緣起

66) 대방광불화엄경大方廣佛華嚴經: 부처가 완전한 깨달음을 증득한 직후에 '부처의 연꽃'으로 상징되는 그 깨달음의 경지와 그것의 증득을 가능하게 하는 수행을 그대로 설한 경전.
67) 86쪽 각주 참조.

로서 '무자성'無自性이며 '공'空이라고 설파했다. 즉, '연기'緣起에 의해 나타나는 것은 '자성'[68] 이 없는 것이며, '자성'이 없으니 곧 '공'이라는 것이다. 즉 '용수'에 의하면 모든 것은 오직 인연(연기緣起)에 의해서 생성되고 사라질 뿐, '불변하는 실체'는 존재하지 않는다는 것이다.

'무자성'無自性이란 고정 불변하는 '자성'自性이 없다는 '공관'空觀과 동의어이다. 즉, 모든 현상은 여러 인연의 일시적인 화합에 지나지 않으므로 거기에 '불변하는 실체'가 없다는 뜻이다. '테아이테토스'가 '앎'과 '판단' 속에서 방황할 때 '장자'는 '무위'를 주장하고 불법은 '연기'와 '연기'의 '무자성'에 대하여 이야기한다.

결국 서양적 '앎'이란 '판단'에 기초할 수밖에 없는데, 그 판단에 대해 '장자'는 '무위'를, 불교는 '무자성'과 그로부터 파생된 '일체유심조'를 통해 설명하고 있는 것이다.

68) 자성(自性, 산스크리트어 svadhava) 모든 존재가 지니고 있는 변하지 않는 존재의 본성을 이르는 말이다. 즉 다른 어떤 것과도 혼동되지 않으며, 변하지 않는 독자적인 것을 의미한다.

제4절 인식의 그림자

앞선 이야기[69] 속의 '밀랍 서판'이 'tabula lasa'와 연결되는 이야기를 하다 보니 '라이프니츠'[70]의 책 『New Essays on Human Understanding』(원제 프랑스어 『Nouveaux essais sur l'entendement humain』 '신인간지성론', 1765)이 등장했고, 이 책은 '로크'의 '인간지성론' 『An Essay Concerning Human Understanding』(1690)을 비판하는 내용이니 '로크'의 '인간지성론'을 먼저 살펴보아야 한다.

'로크'의 '인간지성론'은 BOOK I—NEITHER PRINCIPLES NOR IDEAS ARE INNATE(원칙도 생각도 타고난 것이 아니다.)가 3장으로 이루어져 있고, BOOK II—OF IDEAS(관념에 대하여)는 33장으로 이루어져 있다. BOOK I은 일종의 개요로서 전체적인 서술의 방향에 속한다.

BOOK I-NEITHER PRINCIPLES NOR IDEAS ARE INNATE

CHAPTER I.—NO INNATE SPECULATIVE PRINCIPLES

69) 41쪽 이하 본문 참조.

70) 고트프리트 빌헬름 라이프니츠(Gottfried Wilhelm Leibniz, 1646년~1716년): 독일의 수학자이자 과학자, 철학자이다.

(타고난 사색의 원리는 없다.)

CHAPTER II. —NO INNATE PRACTICAL PRINCIPLES

(타고난 실천적 원리는 없다.)

CHAPTER III. —OTHER CONSIDERATIONS CONCERNING INNATE PRINCIPLES, BOTH SPECULATIVE AND PRACTICAL

(타고난 실천적 원리 사색의 원리 모두에 대한 이론적 고찰)

- 우리가 새로 태어난 아이들을 면밀하게 관찰해 보면, 그들이 세상에 올 때 많은 생각을 가져온다고 생각할 이유는 거의 없다.

- 배고픔, 갈증, 따뜻함, 그리고 태내에서 느꼈을지도 모를 고통에 대한 희미한 생각들, 특히 타고난 원리로 여겨지는 보편적인 명제들을 구성하는 조건들에 대한 생각은 그 안에 전혀 나타나 있지 않았기 때문이다.[71)]

즉, 태어난 아기들은 동물적 본능 외에는 가지고 태어난 것이 없다는 이야기로서 'tabula lasa'를 주장하는 배경이다. 이에 대해 '라이프니츠'는 그의 책, 『신인간지성론』[72)] 에서 이렇게 반

71) 『An Essay Concerning Human Understanding』, BOOK I, CHAPTER III, 2.

72) 라이프니츠는 이 책, '신인간지성론'을 모두 집필해 놓고 출판되는 것은 보지 못했다. 라이프니츠 사후 60년이 지나서야 책으로 출판된다.

박한다.

『신인간지성론』은 'Philalethes'(필라레테스)와 'Theophilus'(테오필로스) 두 사람이 대화하는 형식으로 되어 있는데 'Philalethes'는 그리스식 가명이고 'Theophilus'는 성서에 등장하는 인물이다.

"그러나 아이들이 외부에서 발생한 관념을 받아들이고 동의하면서, 그들 안에 타고난 것으로 여겨지고 지울 수 없는 문자로 각인된 마음의 일부가 되는 관념에 대해서는 무시할 수 있을까?

이것은 자연이 가지는 거대한 수고로움(어떤 목적도 가지지 않는)으로서, 적어도 (아이들은) 자연에 대한 인상은 서툴 수 있다. 왜냐하면 다른 것을 잘 보는 눈이지만 (아직은) 그 글(자연이 제공하는)을 읽을 수 없기 때문이다.

이제, 아이들이 가진 감각의 개념에 더 주의를 기울여야 하는데 이것은 가능할 뿐만 아니라 동시에 매우 적절하다. (이를테면) 관심은 필요에 의해 결정되기 때문이다."[73)]

73)『New Essays on Human Understanding』 Preface and Book I, Chapter II, 25.

'라이프니츠'는 아이들이 가지고 태어나는 관념 속에는 이미 자연이 제공한 대부분이 존재하지만 아직은 신체적으로 미약하고 동시에 그 관념을 끄집어낼 수 있는 필요가 존재하지 않을 뿐, 'tabula lasa', 즉 '백지'라고는 말할 수 없다는 것이다.[74)]

74) '라이프니츠'는 『신인간지성론』 Book I. 타고난 개념에서 'tabula lasa'를 언급한다.

1. 『장자』의 인식론

1) 인식의 평가는 완전하지 않다

'장자' 인식론의 핵심 방향은 대상보다는 대상을 수용하는 주체의 측면에서 접근한다. 이를테면 '내가 알고 있다'는 상황을 '내가 어떻게 그것을 알게 되었을까?'로 바꾼다. 거기서 다시 그 상황, 즉 알게 된 상황을 파악하게 된 원인이나 과정을 유추하려 한다. 이를테면 인식의 과정을 계속 이어지는 양파 껍질과 유사한 얼개로 이해하려 하는 것이다.

이런 사유의 과정을 보여 주는 내용이 『장자』 '제물론'에 있다.

"지금 여기에 어떤 말이 있다. 그런데 이 말이 '진리'와 유사한지, 또는 '진리'와 유사하지 않은지 알지 못한다. ('진리'와) 유사한 것과 유사하지 않은 것을 서로 유사한 것으로 간주하면 '진리' 아닌 것과 다를 것이 없을 것이다. 비록 그렇지만 시험 삼아 한 번 말해 보고자 한다."[75]

75) 今且有言於此 不知其與是 不類乎 其與是 不類乎 類與不類 相與爲類 則與彼 無以異矣 雖然 請嘗言之(금차유언어차 부지기여시 불유호 기여시 불유호 유여불유 상여위류 칙여피 무이이의 수연 청상언지)

"처음이라는 말이 있으며, (1단계)

처음에 '처음이라는 말'이 아직 있지 않았다는 말이 있으며, (2단계)

처음에 '처음에 처음이라는 말이 아직 있지 않았다'는 말도 아직 있지 않았다는 말이 있다."(3단계)

"有라는 말이 있고, 無라는 말이 있으며, (1단계)

처음에 '無라는 말'이 아직 있지 않았다는 말이 있으며, (2단계)

처음에 '처음에 無라는 말이 아직 있지 않았다는 말'이 아직 있지 않았다는 말이 있다."(3단계)

"이와 같은 문자적 표현이 생겨나자, 이윽고 無가 있게 된 것이다. 그런데 아직 알지 못하겠다. 有와 無 중에서 과연 어느 것이 있고, 어느 것이 없는 것인지를! 이제 내가 이미 말함이 있는데 아직 알지 못하겠다. 내가 말한 것이 과연 말함이 있는 것인가? 아니면 과연 말함이 없는 것인가?"

대단히 치밀하게 계획된 논리적 점층이다. '장자' 인식론의 특징은 인식의 '본질'과 '과정'을 하나로 묶어버리는 데 있다. 『테아이테토스』에서 '소크라테스'처럼 '인식'을 인식 대상물 중심으로 설명하는 방식을 버리고, 오히려 '인식'의 과정을 이야기하는 과정 중에 자연스럽게 '인식'의 본질에 다가설 수 있도록 하는 것이다.

즉 우리가 이해하는 모든 '인식'의 과정은 불완전한 상태이거나 혹은 불완전하므로 그것을 '인식'이라고 보기에는 어려움이 있다는 것이다. 그리고 '장자'는, 이러한 사실을 파악하는 것이야말로 '인식'의 본질이라고 이야기하는데, 『장자』를 읽으며 그 사실을 간접적으로 알게 하는 데 일부는 성공한 것처럼 보이기도 한다.

2) 인식으로 무엇인가를 획득할 수는 없다

『장자』'지북유'에 이런 이야기가 있다.

'순舜임금'이 뒤에서 보필하는 승丞에게 물었다. "도를 가질 수 있는가?"
승丞이 말했다. "왕의 몸도 온전히 왕의 차지가 아닌데 왕께서 어찌 도를 가질 수 있겠습니까?"

'순임금'이 말했다. "내 몸뚱이가 내 것이 아니라면 누구 것이란 말이오?"

승이 말했다. "그것은 천지자연이 모습을 맡긴 것입니다. 삶은 왕의 것이 아닙니다. 천지자연이 조화로움을 맡긴 것이며, 성명性命도 왕의 것이 아닙니다. 천지자연이 순조로움을 맡긴 것이며 자손들 또한 왕의 것이 아닙니다. 천지자연이 허물을 맡긴 것입니다. 그 때문에 길을 갈 때도 어디로 가야 할지 알지 못하며 머물 때에도 무엇을 지켜야 할지 알 수 없으며 먹어도 맛을 알지 못하는지라 천지자연의 강건한 양기가 작용한 것이니 또 어찌 내 것이라 할 수 있겠습니까?"

비유적인 표현이라 '인식'의 이야기와 언뜻 연결이 어렵지만 조금만 확장시켜 보면 이 이야기가 조금 다르게 들린다. 예를 들어 '도'를 '인식'이라고 가정해 보면 '인식'은 어떤 방식으로든 획득될 수 없는 것이라는 것이 '장자'의 생각이다.

획득될 수 없다는 것과 파악될 수 없는 것은 전혀 다른 문제다. '순임금'은 '도'를 파악한 상태라는 것을 그의 질문으로 알 수 있다. 즉 '도'가 이러한데(파악했는데) 그것을 내가 획득할 수 있는가라고 물은 것이다. 그러자 '승'은 그것은 단지 파악될 뿐, 획득하기는 어렵다고 예를 들어 설명한 것이다.

『장자』 '지북유'에 또 다른 예가 있다.

등장인물은 '태청'泰淸(완벽하게 푸르다. 즉 매우 순수 혹은 단순하다), '무궁'無窮(다함이 없지만 그것이 전부다), '무위'無爲(쓸모없음의 쓸모를 안다.), '무시'無始(시작과 끝이 없으니 도에 가장 근접한 존재다.) 넷이다. 결론 부분을 당연히 '무시'가 답한다.

'無始'가 말했다.

"도는 들을 수 없는 것이니 만약 들을 수 있다면 도가 아니며 도는 볼 수 없는 것이니 만약 볼 수 있다면 도가 아니며 도는 말할 수 없으니 말할 수 있다면 도가 아니다. 드러난 모습을 드러나 보이게 하는 것은 보이지 않는다는 사실을 아는가? 도는 이름을 붙일 수 없는 것이다."[76]

다시 '無始'가 말했다.

"도를 물었을 때 대답하는 자는 도를 알지 못하는 자이니 비록 도에 관해 묻더라도 도가 무엇인지 들을 수 없다. 도는 물을 수 없는 것이며 물음에는 대답할 수 없는 것이다. 물을 수 없는 것인데 물으니 이것은 물음이 다한 것이다. 대답할 수 없는데 대답한다면 이것은 도가 안에 없는 것이다."

언뜻 불교적 '무'와 근접해 있지만 불교적 '무'의 본질과는 결이 조금 다르다. 불교적 '무'를 표현하는 단어 중 하나는 '진공묘

76) 도덕경 1장의 내용과 유사하다.

유'眞空妙有다. '없음'이 없이는 '무위'도 없고 참된 존재도 없다. 참 존재는 '없는 상태'에서 나온다. '없음'이야말로 항상 거기에서 모든 것을 나타낸다. '진공묘유'는 있음(有)에서 없음(無)을 보고, 없음(無)에서 있음(有)을 보는 것이니, 이것은 마치 '장작에서 재를 보고, 재에서 장작을 보는 것'과 같다. 그래서 '색즉시공色卽是空 공즉시색空卽是色'[77] 이다.

변화하지 않는 고정된 실체는 따로 없다. 모든 존재는 '연기'에 의해 작용되고 동시에 '현상'으로 작용한다. 고정된 실체는 없지만 '현상'으로서는 분명히 작용하고 있다.

완전한 '공'은 단순한 '허무'가 아니라, 만물이 이렇게 존재하는 것 자체가 바로 '공'이다. '공'의 그러한 형성 및 작용을 '진공묘유'라 한다. 의미로만 본다면, '진공은 '적적'寂寂[78] 이며, 묘유는 '성성'惺惺[79] 이 된다.

하지만 '장자'의 인식론은 분명한 한계가 있다. 즉 '인식'의 본질을 우회적으로 설명하다 보니 오히려 본질이 흐려지는 결과

77) 물질이 곧 텅 비어 공한 것이고, 텅 비어 공한 것이 곧 눈에 보이고 손에 만져지는 물질인 것이다. 그래서 물질이 텅 빈 공과 다르지 않고, 텅 빈 공이 물질과 다르지 않다.

78) 고요함.

79) 또렷함.

를 가져온다. “그래서 어찌 되었다는 말인가?”라는 질문이 나올 법하다. 하지만 이것은 우리가 이미 서양식의 사고 체계, 이를테면 ‘게티어 문제’처럼 논리 값으로 정해진 상황에 익숙해진 탓이 아닐까 하는 생각도 든다.

2. 유학의 격물치지

유학의 사서삼경 중 '대학'大學의 핵심내용은 이러하다. "왜 공부해야 하는가!" 즉 유학이 지향하는 학문의 목적을 나타내는 짧은 경전이다. '주희'[80] 에 의해 재편되어 오늘날과 같은 사서 삼경의 하나가 되었지만 처음에는 '예기'禮記의 일부였다는 것이 통설이다.

'주희'에 의해 재편된 것이 『대학장구』大學章句인데 '격물치지'格物致知가 등장하는 구절을 풀이하면 다음과 같다. "사물의 이치가 지극함에 이르면 지식이 지극해지고, 지식이 지극해진 뒤에 뜻이 성실해지고, 뜻이 성실해진 뒤에 마음이 바르게 되고, 마음이 바르게 된 뒤에 몸을 닦고, 몸이 닦인 뒤에 집안이 가지런해지고, 집안이 가지런해진 뒤에 나라가 다스려지고, 나라가 다스려진 뒤에 천하가 평해진다."로 되어 있다.[81]

여기서 '주희'는 특별히 '격물치지'에 대하여 자신의 생각을

80) 주희(朱熹, 1130년~1200년): 중국 남송의 유학자로, 주자朱子로 불린다. 19세에 진사가 된 후 여러 관직을 지내면서 공자, 맹자 등의 학문에 전념하였으며 주돈이, 정호, 정이 등의 유학 사상을 이어받았다. 그는 유학을 집대성하였으며 오경의 참뜻을 밝히고 성리학(혹은 주자학)을 창시하여 완성시켰다.

81) 物格而后知至 知至而后意誠 意誠而后心正 心正而后身修 身修而后家齊 家齊而后國治 國治而后天下平(물격이후지지 지지이후의성 의성이후심정 심정이후신수 신수이후가제 가제이후국치 국치이후천하평).

추가하였는데 그것이 바로 '격물치지보망장'格物致知補亡章이다.

'주희'의 '격물치지보망장'格物致知補亡章은 128자의 짧은 길이지만 '대학'[82] 의 주요 내용 중의 하나인 '인식론'에 대한 '주희'의 생각을 보완한 것으로서 주요 내용은 다음과 같다.

처음 '대학'에서 언급된 '격물치지'의 의미는 "사물의 이치를 궁극에까지 이르러 나의 지식을 극진하게 이른다."[83] 였는데 '보망장'에서는 이 내용을 좀 더 구체적으로 제시한다.

"근간에 일찍이 몰래 '정자'[84] 의 뜻을 취하여 격물格物과 치지致知의 관계를 보충하였다. '앎을 극진히 한다는 것은 사물을 올바로 파악하는 데에 있다'라고 하는 것은 나의 앎을 극진히 하고자 한다면 사물에 있어서도 그 이치를 궁구하여야 함을 말한 것이다. 사람 마음의 신령함을 알고 있고 천하의 사물 역시 반드시 지극한 이치가 있다. 그러나 사물의 이치에 대해 궁구하

82) 대학大學은 사서 오경(사서–논어, 맹자, 대학 중용, 오경–시경 서경, 역경, 춘추, 예기)의 하나인 유교 경전이다. 본래 '예기禮記'의 제42편이었으나, 송나라 시대에 성리학이 확립되면서 사서의 하나로 받아들여졌다. 핵심 내용은 자기 수양을 완성하고 사회 질서를 이루는 과정을 이론적으로 설명하고 있다.

83) 致知在格物, 物格而後知至 此謂知之至也(치지재격물, 물격이후지지 차위지지지야).

84) 송나라 시대의 유학자 정호(程顥, 1032년~1085년)와 정이(程頤, 1033년~1107년)의 두 형제를 통칭하는 존칭어이다.

지 않기 때문에 앎이 극진하지 않게 되는 것이다. 이런 까닭으로 '태학'太學[85] 에서 처음 가르칠 적엔 반드시 학자에게 모든 천하 사물에 (우리가) 이미 알고 있는 이치에 따라 그것을 따지게 하여 그 극치에 이르기를 구해야만 한다고 가르친다. 지력知力을 오래 쓰게 되면 마침내 하루아침에 환하게 이치를 관통하게 됨에, 모든 사물의 겉과 속, 정밀함과 거침에 이르게 되고 내 마음의 온전한 모습과 거대한 쓰임이 밝혀지게 된다. 이것을 '사물이 이른다'고 말하고, 이것을 '앎의 극치'라 말한다."

이를테면 서양 인식론은, 사물을 보는 나와 사물의 '관계'에 집중하여 나의 선험에 의하여 사물이 판단된다고 생각하는 반면('소크라테스' 이후 '칸트'에 이르기까지), 유학의 '격물치지'는 사물 본래의 고유한 뜻이 있는데,[86] 그것을 보는 우리의 태도에 따라 충실해지거나 혹은 그렇지 않을 수 있다는 것이다.[87]

서양의 인식론과 비슷한 부분은 사물의 '인식'에 있어 우리의 태도(관점)를 가정한 것이다. 반면 서양에서는 학자마다 사물 자체에 대한 관점이나 해석이 다양한 반면 동양의 '격물치지'에

85) 요즘으로 치면 대학이다.

86) 而天下之物, 莫不有理(이천하지물, 막부유리: 천하의 사물 역시 반드시 지극한 이치가 있다.)

87) 惟於理有未窮, 故其知有不盡也(유어리유미궁, 고기지유부진야: 오직 이치를 분명하게 밝히지 못하므로 앎이 완전하지 못하니)

서는 사물은 우리의 관점이나 태도, 선험과 무관하게 독자적으로 의미를 가지고 있다고 가정한다는 것이 차이점이라고 볼 수 있다.

3. 용수의 인식론[88)]

'용수'龍樹[89)]가 쓴 『중론』(산스크리트어: Madhyamaka-śāstra 마드야마카사스트라)은 449구의 간결한 게송[90)]이지만 매우 복잡한 논리를 가지고 있다.

'용수'의 『중론』에서 '걷는 행위'를 통해 '불래불거'不來不去(오지도 가지도 않음)를 증명하는데 이러한 논증을 통해 용수의 인식론을 엿볼 수 있다.

『중론』 '관거래품'觀去來品 제2에서 걷는 행위의 과거, 현재, 미래의 고찰을 통해 '불래불거'不來不去를 논증해낸다. 이야기는

88) 『중론』中論을 중심으로 해석함.

89) 용수龍樹(나가르주나Nagarjuna, 150년경~250년경)의 이름 '나가르주나'의 '나가'는 인도 신화에서 말하는 나가(Naga)로서 큰 뱀을 뜻한다.('용龍'으로 한역됨) 뒷부분 '아르주나'는 마하바라타(인도 고대의 장대한 규모의 대서사시)에서 뛰어난 영웅의 이름이다. 용수는 석가모니 입멸 후 600년이 흐른 뒤 나타나 그때까지의 불교 사상을 재구조화하여 대승불교를 확립시킴으로써 제2의 부처로 칭송되며 심지어 용수보살(실존 인물을 보살로 부르는 경우는 무착, 세친, 마명 그리고 용수 4명뿐이다.)로 불린다.

90) 게송偈頌: 부처의 공덕을 찬탄할 경우거나 중요한 교리를 서술할 때 운문으로 쓴 것을 게송이라 한다. 그런데 이렇게 운문으로 표현한 것에는 두 가지 종류가 있다. 즉, 고기송孤起頌과 중송重頌이다. 고기송은 게타偈陀 혹은 가타伽陀라고도 하는데, 산문은 없고 경문 전체가 운문의 형식을 띠고 있다. 그 대표적인 예가 26장 423게송으로 이루어진 법구경法句經이다. 중송은 산문체로 된 내용을 다시 운문체로 설한 것이다. 여기서 '중重'은 무겁다는 뜻이 아니고 '거듭'을 의미한다. 즉 본론의 산문 내용을 좀 더 자상하고 미세하게 표현해 산문에서 이야기하지 못한 내용을 중복해서 운문체로 부연 설명하는 것이다.

이러하다. (문답 형식이지만 내용만 요약)

'걷는 행위'의 과거 현재 미래 고찰(우리에게 익숙한 방식으로 설명한다.)

'용수'는 일단 결론부터 말한다. 즉 "걷는 행위는 과거 현재 미래 어디에서도 성립하지 않는다."와 '걷는 행위'는 곧 '걷는 운동'을 말하고 있으며 "현재 통과하고 있는 지점에서 성립하지만 현재 통과하고 있는 지점을 걷는 일은 없다."라고 전제한다.

1) 논증의 시작 혹은 전제

가정 1: 걷는 자는 걷지 않는다. 걷는 행위의 시작은 과거 현재 미래 어디에서도 성립하지 않는다.

가정 2: 걷는 자는 멈춰 서지 않는다.

가정 3: 걷는 행위의 정지는 과거 현재 미래 어디에서도 성립하지 않는다.

가정 4: 걷는 자와 걷는 행위는 동일한 것도 별개의 것도 아니다.

결론: 걷는 행위, 걷는 자, 걷는 대상은 성립하지 않는다.

2) 구체적 논증

'누군가가 걸어간다'라는 문장을 분석할 때, 걷고 있는 장소는 그 사람이 이미 통과한 지점이든가, 아직 통과하지 못한 지점이든가, 현재 통과하고 있는 지점이겠지만,

(1) '이미 통과한 지점을 지금 걷고 있다'고 말하는 것은 오류다. 있을 수 없는 일이다.

(2) '아직 통과하지 못한 지점을 지금 걷고 있다'고 말하는 것도 역시 오류다. 있을 수 없다.

(3) '이미 통과한 지점'과 '아직 통과하지 않은 지점'과는 다른 '현재 통과하고 있는 지점'을 지금 걷고 있다고 말하는 것은 통과하고 있는 주체와 걷는 주체가 다르게 되는 것으로 논리적으로 오류다.

'용수'는 말한다. "현재 통과하고 있는 지점에 어떻게 걷는 행위가 동시에 속할 수 있겠는가?" 이 말은 걷는 행위를 수반하지 않는 현재를 통과하고 있는 지점은 결코 존재할 수 없음을 나타

낸다. 매우 난해해졌다. 다시 설명하자면,

걷는 행위는 운동을 하는 곳에 있다. 그리고 운동은 이미 통과한 지점이나 아직 통과하고 있지 않은 지점이 아니라 현재 통과하고 있는 지점에서 하기 때문에 걷는 행위는 현재 통과하고 있는 지점에서 이루어진다. 그러므로 현재 통과하고 있는 지점을 지금 걷고 있다는 말이다.

'용수'는 이어서 설명한다. "걷는 행위가 속하기 이전에, 즉 걷는 행위를 수반하지 않는 현재 통과하고 있는 지점은 결코 있을 수 없다."

현재 통과하고 있는 지점이란 말 속에는 반드시 걷는 행위가 수반되어야만 한다는 이야기다. 위 복잡한 설명은 이것을 논증하려는 의도이다.

한편, 현재 통과하고 있는 지점에 걷는 행위가 속한다고 주장하는 사람에게는 걷는 행위가 속하기 이전에는 걷는 행위 없이 현재 통과하고 있는 지점이 있게 되어 버린다. '현재 통과하고 있는 지점을 지금 걷고 있다'고 주장하기 때문이다.

현재 통과하고 있는 지점에 걷는 행위가 속한다고 가정한다면 여기에는 두 가지 걷는 행위가 있게 되어 버린다.

(1) 그곳이 '현재 통과하고 있는 지점'이라고 불리는 근거가 되는 걷는 행위와 다른 한편으로

(2) 그 지점에서 현재 하고 있는 것은 '걷는 행위'이다.

'걷는 행위'가 두 가지 있게 되면 '걷는 자'가 두 명이 되어 버린다. 왜냐하면 '걷는 자' 없이 '걷는 행위'는 있을 수 없기 때문이다.

(1) '걷는 자가 걷는다'는 것은 없다. 중첩에 의한 오류다.

(2) '걷지 않는 자가 걷는다'는 것도 있을 수 없다.

(3) '걷는 자와 걷지 않는 자 혹은 또 다른 제삼자가 걷는다'는 말에서 나타난 3주체가 동일하다는 것이 가능한가?

'걷는 자가 걷는다'라고 어떻게 말할 수 있겠는가. 걷는 행위 없이 걷는 자는 결코 있을 수 없기 때문이다. '걷는 자가 걷는다'고 주장하게 되면 '걷는 자'에게 '걷는 행위'를 귀속시키는 것으로써 이 말은 곧 '걷는 행위' 없어도 '걷는 자'가 있는 상황에

빠지게 된다.

더불어 '걷는 자가 걷는다'고 가정하면 두 가지 걷는 행위가 있게 되어 버린다.

(1) 그 사람이 '걷는 자'라고 명시되는 근거가 되는 '걷는 행위'와

(2) 현재 '걷는 자'로 존재하는 사람의 '걷는 행위'이다.

처음으로 돌아가,

(1) 이미 통과한 지점에서 '걷기 시작'하는 일은 없다.

(2) 아직 통과하지 않은 지점에서 걷기 시작하는 일은 더더욱 없다.

(3) 현재 통과하고 있는 지점에서 걷기 시작하는 일도 있을 수 없다. 그렇다면 어디에서 걷기 시작하는 것인가? 어디에서도 걷기 시작할 수 없다.

따라서 '용수'는 이렇게 결론을 내린다.

'걷는 행위'를 시작하기 전에는 현재 통과하고 있는 지점도 이미 통과한 지점도 존재하지 않는다. 만일 존재한다면 거기에서 걷기 시작할 수 있겠지만, 다른 한편으로 아직 통과하지 않은 지점에서 어떻게 걷기 시작할 수 있는가?

'걷는 행위'의 시작이 전혀 보이지 않을 때, 이미 통과한 지점, 현재 통과하고 있는 지점, 아직 통과하지 않은 지점은 각각 어떤 것으로 상정되는가?

(1) '걷는 자가 멈추어 선다'는 것은 없다.

(2) '걷지 않는 자가 멈추어 선다'는 것도 없다.

(3) '걷는 자와 걷지 않는 자와 또 다른 어떤 제삼자가 멈추어 선다'는 것도 없다.

현재 통과하고 있는 지점에도, 이미 통과한 지점에도, 아직 통과하지 않은 지점에도 걷는 자가 멈추어 서는 일은 없다. '걷는 행위'와 '걷는 자'가 완전히 같다는 것은 오류다. '걷는 행위'와 '걷는 자'가 완전히 같다고 가정하면 원래 '행위자'와 '행위'가 동일하다는 뜻이 되어 버린다. 다른 한편으로 '걷는 자'가 '걷는 행위'와 전혀 다르다는 것도 역시 오류다. '걷는 자'가 '걷는 행위'와 전혀 다르다고 상정한다면 '걷는 자'가 없어도 '걷는 행위'가 가능하게 될 것이고 '걷는 행위'가 없어도 '걷는 자'가 있을 수 있다는 오류에 빠진다.

만일 두 가지가 동일하다고 해도, 별개의 다른 것이라고 해도 성립하지 않는다면 그 두 가지는 도대체 어떤 방식으로 성립하겠는가? 따라서 결코 성립할 수 없다. 어떤 '걷는 행위'에 의해 '걷는 자'가 명시되는 경우, 그 '걷는 행위'는 그 사람이 하는 것은 아닐 수도 있다. 왜냐하면 확실히 누군가가 어딘가로 걸어가는 것이지만 '걷는 행위' 이전에 '걷는 자'가 존재하지 않기 때문이다. '걷는 행위'에 의해 '걷는 자'가 명시되는 경우, 그것과는 다른 '걷는 행위'를 그 사람이 하는 것은 아니다. 왜냐하면 한 사람의 '걷는 자'에게 동시에 두 가지 걷는 행위는 있을 수 없기 때문이다.

(1) 존재하는 '걷는 자'가 과거 현재 미래에서 '존재, 비존재, 존재이면서 비존재'인 세 종류의 '걷는 행위'를 하는 일은 없다.

(2) 존재하지 않는 '걷는 자'도 세 종류의 걷는 행위를 하는 일은 없다.

(3) 존재하면서 존재하지 않는 '걷는 자'가 세 종류의 걷는 행

위를 하는 일은 없다.

'용수'의 결론은 다음과 같다. 즉, '걷는 행위', '걷는 자', '걷는 대상'은 결코 존재하지 않는다.[91]

따라서 모든 법은 가는 일도 오는 일도 없다.

문득 고대 그리스 엘레아의 '제논'[92]의 '아킬레우스와 거북', '화살의 역설'이 생각난다. 비슷하지만 또 다른 문제이다.

91) 『중론』 용수 지음, 구마라집 한역, 『중론』 용수 지음, 가츠라 소류, 고시마 기요타카 편역, 배경아 역, 불광출판사. 2016.

92) 엘레아의 제논(Zeno of Elea, 기원전 490년경~기원전 430년경): 소크라테스 이전 시대 마그나 그라키아의 철학자이며 파르메니데스에 의해 만들어진 엘레아학파의 학자이다. 그는 파르메니데스가 발전시킨 고도의 추상화와 분석적 기법을 이용하였다. 또한 반대자들과 논쟁 시 반대자들의 논리에서 출발하여 반대자들 스스로 모순에 빠지도록 하였다. 그와 논쟁했던 상대는 주로 피타고라스학파 철학자로 추정되는데, 자세히 밝혀지지는 않았다. 엘레아의 제논이라고 하여 스토아학파의 개조인 제논과 구별된다.

4. 데카르트의 인식론

1) 여섯 개의 성찰[93)]

제1성찰, "De iis quae in dubium revocari possunt"[94)] (의심스러울 수 있는 것들): 우리가 모든 것에 대해, 특히 물질적인 것들에 대해 의심할 수 있는 이유들이 거론된다. 모든 선입견으로부터 자유롭고, 정신과 감각을 떼어놓는 방법으로서 마침내 참이라고 발견한 것에 대해 더 이상 의심할 수 없게 만든다.

제2성찰, "De natura mentis humanae"(인간 정신의 본성에 관하여): 정신은 자유롭기 때문에 조금이라도 의심할 수 있는 것은 모두 의심한다. 그리하여 의심스러운 것을 현존하지 않는다고 가정하지만, 의심하는 주체인 자신이 현존하지 않는다는 것은 불가능하다는 것에 도달한다. 신체는 분명 아주 쉽게 사멸하는 반면, 정신은 그 본성상 불멸이라는 것이 따라 나온다.

제3성찰, "De Deo, quod existat"(하나님은 현존한다): 우리 안

93) 『제1철학에 대한 명상』: 초판의 제목은 『제일철학에 관한 성찰, 여기서 신의 현존 및 인간 영혼의 불멸성이 증명됨. Meditationes de prima philosophia, in qua Dei existentia et animae immortalitas demonstratur』이다. 여기에서 이루어지는 여섯 개의 성찰을 중심으로 데카르트 인식론을 파악해보자.

94) 원문이 라틴어로 되어 있어서 제목만 라틴어로 표시함.

에 있는 완전한 존재자(신)의 관념이 실재성을 가지는가에 대한 답변은 다음과 같다. 비유하자면 완전한 존재자, 즉 신은 기술자의 정신 안에 있는 매우 완전한 기계와 같다. 기술자에게 기술은, 그가 스스로 얻었거나 혹은 그것을 전수받았을 때 다른 어떤 이의 지식처럼, 우리 안에 있는 신의 관념은 신 그 자신을 원인으로 하지 않고는 설명할 수 없다.

제4성찰, "De vero & falso"(참과 거짓): 분명하게 지각하는 모든 것은 참이라는 것이 입증되었고, 이를 통해 거짓의 근거가 무엇인지 설명된다. 이것은 앞서 말한 것들을 분명하게 증명하기 위해서, 그리고 나머지 것을 이해하기 위해서도 반드시 알아야 하는 것이다. (그러나 여기서 잠시 주의해야 할 것은, 선악의 추구에서 저지르는 오류가 아니라, 오직 진위의 판별에서 일어나는 오류만을 다루고 있다는 것이다.)

제5성찰, "De essentia rerum materialium"(물질적인 것의 본질에 대하여): 일반적으로 취해진 물체적 본성 외에 새로운 근거에 의해 신의 현존이 증명된다.

제6성찰, "De rerum materialium existentia"(물질적인 것의 존재에 대하여): 지성과 상상이 분리되고 그 차이들이 기술되며, 정신이 신체와 실재적으로 구별된다는 것이 입증된다. 그럼에도 불구하고 정신이 신체와 하나의 어떤 것을 구성할 만큼 밀접하게 결합되어 있다는 것을 알게 된다.[95)]

2) 여섯 개 성찰의 구체적 내용

(1) 1성찰, "De iis quae in dubium revocari possunt"(의심스러울 수 있는 것들)[96)]

- 유년 시절의 편견으로부터 벗어나려는 노력

"내가 유년기부터 얼마나 많은 거짓된 것을 참된 것으로 인정했는지, 그리고 그 후 그 위에 세운 그 모든 것이 얼마나 의심스러운지, 따라서 내가 언젠가 학문에서 확고하고 불변하는 어떤 것을 세우길 원한다면, 일생에 한 번은 모든 것을 뿌리째 뒤집고 최초의 토대들로부터 새로 시작해야 한다는 것을 깨달았다."

'데카르트'가 성찰하는 분명한 이유에 대하여 설명한 것이다.

95) 『제일철학에 관한 성찰』 르네 데카르트 지음, 이현복 옮김, 문예출판사, 2021, 26~28쪽 요약.

96) 앞의 책, 32~35쪽.

- 꿈의 논증

"그러면 우리는 꿈꾸고 있다고 하자. 우리가 눈뜨고 있다는 것, 머리를 흔든다는 것, 손을 편다는 것은 참이 아니라고 하자. 어쩌면 우리는 이러한 손조차, 이러한 신체 전체조차 갖고 있지 않다고 하자. 그렇더라도 꿈꾸면서 보이는 것은 참된 사물들을 본뜨지 않고서는 꾸며질 수 없는 어떤 화상들과 같은 것임을, 그래서 적어도 눈, 머리, 손 그리고 신체 전체와 같은 일반적인 것들만큼은 어떤 공상적인 것이 아니라 참된 것으로 현존한다는 것을 분명히 시인해야 한다."

꿈이 가지는 속성에 대한 '데카르트'의 문제 제기는 뒤이어 나오는 모든 이야기의 기초가 되는 자신의 '지각'과 '인식'의 도구로서의 신체(책에서는 자주 기계라고 묘사되는)의 범위에 해당하는 이야기다.

- 사악한 천재의 논증

"나는 진리의 원천인 최선의 신이 아니라, 악의 있고 동시에 최고로 유능하고 교활한 어떤 악령이 나를 속이는 데 온 힘을 쏟았다고 가정할 것이다. 나는 하늘, 공기, 땅, 색, 형태, 소리 및 모든 외적인 것은 그가 나의 쉽게 믿는 마음에 덫을 놓은 꿈들의 속임수들일 뿐이라고 여길 것이다. 나는 나 자신이 손도, 눈도, 살도, 피도, 어떤 감각기관도 갖지 않는 것으로, 이 모든 것을 갖고 있다고 그릇되게 믿는 것으로 간주할 것이다."[97]

자신의 현존을 근본적으로 의심하는 입장으로서 가장 바닥에서 그리고 가장 근원적인 것에서부터 의심하려는 '데카르트'의 태도를 보여준다.

'데카르트'는 각각의 의심들을 통해 선입견을 버리고 앞으로 다가올 논리들의 토대를 세우며 그 사이에 발견하지 못했던 오류를 밝히고자 한다. 이것은 모든 사태를 분명하게 인식하기 위한 것이다.

(2) 2성찰, "De natura mentis humanae"(인간 정신의 본성에 관하여)

- 고정점 찾기

여기에서 '데카르트'는 스스로 의심을 멈추게 할 수 있는 "고정되고 확실한 지점"을 찾으려고 노력한다. 이를테면 그는 이

97) 『데카르트 철학의 원리』 스피노자 지음, 양진호 옮김, 2020, 책세상, 15~16쪽.

렇게 스스로를 밀어붙인다. "나는 이제, 내가 이 사유들에 이르기 전 그 당시에 나는 도대체 무엇이라고 믿었는지를 다시 한번 성찰할 것이다. 그런 다음, 제시된 근거들에 의해 조금이라도 약화될 수 있는 것은 무엇이든 그것에서 뺄 것이다. 그렇게 되면 결국에는 확실하고 흔들리지 않는 것만이 정확하게 남을 것이다."

즉 '데카르트'는 지금부터 현존하는 자신의 본성을 고찰한다. 이때 그는 의심하는 주체를 정하는 과정과 동일하게 '열거', '분해', '제거'의 방식을 적용한다. 모든 자료를 충분히 열거한 다음, 의심하고 있는 주체에 필연적으로 속해 있다고 분명하게 인식되지 않는 것은 모두 그 주체로부터 제거하고, '확실하고 흔들리지 않는 것'만을 남겨놓겠다는 것이다.

그 결과 '데카르트'는 이렇게 말한다. "그러면 나는 무엇인가? 사유하는 것. 이것은 무엇인가? 의심하는 것, 이해하는 것, 긍정하는 것, 부정하는 것, 원하는 것, 원하지 않는 것, 또한 상상하는 것 그리고 감각하는 것이다."[98)]

98) "dubito, ergo cogito, ergo sum" (두비토, 에르고 코기토, 에르고 숨) 나는 의심한다. "그러므로 나는 생각한다. 그러므로 나는 존재한다."

- 밀랍 조각의 예

"방금 벌집에서 꺼낸 밀랍이 있다고 가정하자. 밀랍은 아직 꿀맛을 잃지 않고, 꽃의 향기를 어느 정도 간직하고 있으며 색, 형체, 크기도 뚜렷하다. 단단하고, 쉽게 만져지고, 심지어 두드리면 소리까지 들린다. 즉 어떤 물체가 인식되기 위해 필요하다고 보이는 모든 것이 현재 밀랍에 있다. 그런데 밀랍을 불에 가까이 가져가니 맛은 사라지고, 향기는 날아가고, 색은 변하고, 심지어 형체는 없는 액체로 되어 점점 뜨거워지고 나중에는 거의 만질 수도 없다. 여전히 동일한 밀랍이 그대로 남아 있다는 것인가? 하지만 밀랍은 그대로 남아있다."[99]

그러면 무엇이 여전히 밀랍으로 파악되게 하는가? 잠시 전 내가 감각으로 느꼈던 것 중에 현재 남은 것은 거의 없다. 미각, 후각, 시각, 촉각 또는 청각으로 감지한 것은 모두 지금 바뀌었지만 밀랍은 여전히 남아 있다.

즉 물체 자체는 본래 감각들에 의해 혹은 상상능력에 의해서가 아니라 '지성'에 의해서만 지각된다는 것이다. 촉각에 의해 만져지거나 시각에 의해 보여서가 아니라 '지성'에 의해 이해되

99)『제일철학에 대한 명상』 데카르트 지음, 이현복 옮김, 1997, 38~46쪽.

어서만 우리에게 지각된다는 것을 알아야 한다. 즉 나의 정신(지성)이 모든 것을 분명하게 지각될 수 있도록 한다는 것이다.

(3) **3성찰**, "De Deo, quod existat"(현존하는 신에 관하여)

1, 2 성찰을 통해 자신이 사유하는 존재임을 확인한 '데카르트'는 신의 존재를 증명하는 세 번째 사유에 도달한다.

즉 "심지어 내가 믿는 습관 때문에 명석하게 지각한다고 여겼지만, 실제로는 지각하지 않은 다른 어떤 것이 있었다. 그것은 그 관념들이 유래하고, 그 관념들과 전적으로 유사한 어떤 것이 내 외부에 있다는 것이었다. 그리고 여기서 나는 속고 있었거나, 아니면 적어도 만일 내 판단이 참이었다면, 그것은 내 지각의 힘 때문에 일어난 게 아니었다."

지금까지 자신에게 있었던 사유의 동인은 모두 내적인 '지각'과 '관념'들에 유래한다고 믿었는데 그것이 아니라는 어떤 단서를 발견하게 된 것이다.

'2 + 3 = 5'와 같은 수학적 증거는 매우 명확하고 뚜렷하다. 그러나 이 생각은 내가 생각하는 바로 그 순간에만 분명하고 명확하다. 내가 그것에 대해 생각하는 것을 멈추고 그러한 증거를 다른 사실과 연결시키려고 하는 순간 '기만적인 신'(deus mendax)이 개입할 수 있다. 그러므로 그러한 기만적인 신을 우리의 사유 체계에서 제거하기 위해 '데카르트'는 다음과 같은 논증을 거치게 된다.

'데카르트'는 신 존재를 2가지 방식으로 증명한다.

의심이라는 불완전성의 반대쪽에는 '완전성'이 있다고 가정할 때, 이 완전성의 극한이 바로 '신'이라는 것이다. 즉, 모든 의심의 방향은 완전한 관념을 향한다고 '가정'(우리가 끝없이 의심하는 존재인 이상)한다면 우리의 사유 속에는 항상 그 불완전성과 그 불완전성의 반대쪽인 완전성에 대한 관념이 반드시 존재할 수밖에 없다.

이 '완전성에 대한 관념'은 우리가 '태어날 때부터 가지고 있는 관념'(본유 관념)이라는 것이다. 하지만 이렇게 완전하고 무한한 올바른 관념(즉 신의 관념)이 유한한 나로부터 생겨났을 리가 없기 때문에, 필연적으로 이런 관념을 있게 한 완전하고 무한한 실체가 있어야만 한다. 그것이 바로 '신'이라는 것이다.(인과론적 신 존재 증명)

또한 '데카르트'에 따르면, '신' 이외의 피조물은 '신'에 의해 창조되었기 때문에 그 현존의 가능성이 보장되지만, '신'은 자기 존재를 스스로 산출할 수 있는 전능한 존재자이기 때문에 스스로 자신의 현존을 보장할 수 있는 힘을 가진다. 그래서 '신'이라는 존재는 '필연적 현존'과 분리될 수 없다. 즉, 현존하지 않는 존재(즉 '신')가 전능할 수 없으므로(이미 전능하여 현존을 스스로 보장한다는 관념을 이야기했기 때문에) '신'은 존재해야만 한다. (존재론적 신 존재 증명)

하지만 이러한 '데카르트'의 '신' 존재 증명은 다음과 같은 문제점도 역시 가지고 있다.

'데카르트'의 논리를 요약하면 "신에 대한 관념(이렇게 완전하고 무한한 올바른 관념)이 유한한 우리의 머릿속에 있는 까닭은, 바로 '신'이 있기 때문이라는 생각과 '신'은 완벽하기 때문에 현실 세계에 실재로 존재한다는 생각 때문이다."[100] 인데 이 말은 묘한 순환성(Cartesian circle)을 가진다.

이를테면 '신'이 처음부터 있어서 그것이 무한하고 올바른 관념이라고 안 것인지, 아니면 단지 불완전하고 유한한 사유의 반대쪽에 있기 때문에 무한하고 올바른 것인지(즉 그것이 신인지)

100) 앞의 책, 47~61쪽.

로 선후 관계가 교차되고, 역시 현존하기 때문에 '신'이라고 이야기하는 것인지 아니면 '신'이기 때문에 현존해야만 하는 것인지의 끝없는 순환논리에 빠지게 된다.

(4) 4성찰, "De vero & falso"(참과 거짓에 대하여)

'데카르트'는 3 성찰을 마치고 난 뒤, "나는 내 안에 있는 나머지 모든 것과 마찬가지로 신에게서 받은 것이 확실한 어떤 판단 능력이 내 안에 있다는 것을 경험한다. 그리고 신은 나를 속이기를 원하지 않으므로, 그는 그 능력을, 내가 제대로 사용하는 동안, 오류를 범할 수 없게 함이 분명하다."라고 고백한다.

'데카르트'의 이 고백은 하나님의 완전함을 이야기하는 것으로서 하나님의 목적은 '라이프니츠'의 말처럼 "세상을 최대한 완벽하게 만드는 것"이다. 즉 개개인은 언제나 오류를 범할 수 있지만 그것은 하나님의 의도일지도 모른다. 세상의 완전성을 위해서는 인간의 오류와 불완전성이 필요하다고 하나님은 생각하였을 것이라고 '데카르트'는 생각했다. 그리고 '데카르트'는 하나님의 완전성이 우리 안에 신성한 흔적으로 반드시 존재한다고 생각했다.

"우리가 신의 작품이 완전한지를 물을 때마다, 어떤 하나의 피조물을 따로 분리해서 고찰해서는 안 되고, 우주 만물 전체를 고찰해야 한다는 것이다. 왜냐하면 홀로 있다면 매우 불완전하게 보이는 것이 어쩌면 당연한 것도, 그것이 세계 안에서 부분의 지위를 가지는 한에서는 매우 완전하기 때문이다."[101]

(5) 5성찰, "De essentia rerum materialium"(물질적 사물들의 본질에 관하여)

이제 '데카르트'는 보다 분명한 자세로 지식을 받아들일 준비가 되었다고 생각하면서 5성찰을 시작한다.

먼저 물질적인 것들에 대한 '데카르트'의 생각은 '확장'(expansion)이라는 것이다. 즉 물질적인 것들은 반드시 특정 공간을 차지한다. 따라서 측정이 가능하다. 그것이 확장의 본질일 것이라고 '데카르트'는 생각하였다. 동시에 어떤 방식으로, 즉 자의적으로 사유한다고 해도, 그것들은 나에 의해 꾸며내지는 것이 아니라, 참되고 불변하는 그들의 본성들을 가진다고 생각했다.

'삼각형'에 대한 '데카르트'의 사유는 다음과 같다.

101) 앞의 책, 64쪽.

“내가 삼각형을 상상하는 경우, 내가 지어낸 것도 내 정신에 의존하는 것도 아니라는 것이다. 삼각형에 관해 다양한 여러 특성들, 즉 삼각형의 세 각의 합은 두 직각과 같다는 것, 가장 큰 각에는 가장 큰 변이 대응한다는 것들이 증명될 수 있다는 사실은 분명하다.”

그리고 다시 한번 ‘신’의 존재를 증명하려 한다. ‘데카르트’가 예로 든 것은 오늘날의 관점으로 본다면 조금은 분명하지 않지만 구조적으로 본다면 앞선 3성찰의 ‘신’ 존재 증명보다 더 신념에 차 있는 ‘데카르트’를 발견할 수 있다.

“산과 골짜기는 반드시 같이 존재해야만 한다. 이런 상황에서 내가 산을 사유한다고 가정하자. 이때 산과 골짜기는 서로 떨어질 수 없다는 것이 분명해진다. ‘신’이 현존하지 않는다면 내가 ‘신’을 사유할 수 없다는 사실로부터, 현존은 ‘신’과 분리 불가능하다는 것, 그러므로 ‘신’은 실제로 현존한다는 것이 따라 나온다.”

‘데카르트’ 특유의 논리 전개 방식이다. 즉 산과 골짜기는 반드시 같이 있으니 산만 사유해도 골짜기는 자동적으로 사유된다. 그와 같이 ‘신은 현존하지 않는다’라고 가정하면 ‘데카르트’가 ‘신’을 사유할 수 없어야 하는데 그렇게 되면 ‘데카르트’ 자신의 현존이 모순에 이르게 된다. 즉 자신의 현존은 '신'의 존재가 확보되어야만 가능하기 때문에 '신'은 분명하게 현존한다는 방식이다.

그리고 이런 결론에 도달한다.

"이렇게 해서 나는 모든 지식의 확실성과 진리성은 오직 참된 신에 대한 인식에만 의존한다는 것을 똑똑히 본다. 그런 만큼 '신'을 인식하기 전에 나는 다른 어떤 것에 대해서도 완전히 알 수 없었다."[102]

(6) 6**성찰**, "De rerum materialium existentia"(물질적 사물의 현존에 관하여)

- **영혼과 육체의 구별**(이원론적 사고)

'데카르트'는 이제 물질적 사물들이 현존하는지에 대한 성찰을 시작한다.

"물질적 사물들에 몰두하는 동안 상상능력을 사용한다는 것

102) 앞의 책, 69~74쪽.

을 경험하는데, 이 상상능력으로부터 그것들이 현존한다는 사실이 따라 나오는 것으로 보인다. 왜냐하면 상상작용이 도대체 무엇인지를 보다 주의 깊게 고찰하면, 그것은 인식능력에 긴밀히 현존하는 물체, 그러므로 현존하는 물체에 대한 그 인식능력의 어떤 적용과 다름없다는 것이 드러나기 때문이다."

'데카르트'는 이제 '상상작용'과 '순수지성작용'의 차이를 규명하려 한다. 그리고 이렇게 성찰할 것이라고 다짐한다.

"내가 이전에 감각을 통해 지각한 것으로서 도대체 어떤 것들을 참이라고 여겼는지, 또 어떠한 근거들로 그렇다고 여겼는지 되돌아볼 것이다. 그 다음에, 내가 나중에 그것들을 의심하게 된 근거들 또한 곰곰이 짚어 볼 것이다. 마지막으로, 지금 그것들에 대해 무엇을 믿어야 하는지를 고찰할 것이다."[103]

- 데카르트의 성찰에 대한 비판들

'데카르트'의 『제 1성찰』이 발표되자 다양한 비판이 등장했다. 잘 알려진 비판으로는 '마랭 메르센'[104] (프랑스 성직자)과

103) 앞의 책, 75~84쪽.

104) 마랭 메르센(Marin Mersenne, 1588년~1648년): 프랑스의 가톨릭 사제로서 철학자이자 물리학자이며 수학자이다.

메르센과 생각이 비슷했던 '토머스 홉스'[105), 그리고 '앙투안 아르노'[106), 그리고 가장 유명한 '피에르 가상디'[107) 의 비판이 있었다.

그 외에도 많은 신학자와 철학자들이 비판을 했으며, 특히 모든 것에 대한 회의懷疑의 태도를 비판했는데 이러한 비판에 대하여 '데카르트'가 사과 바구니 비유로 그 비판을 반박한 것은 매우 유명하다.

사과 바구니 비유[108) 를 요약하면 다음과 같다.

"우연히 사과가 가득 담긴 바구니가 있다고 가정하자. 그중

105) 토머스 홉스(Thomas Hobbes, 1588년~1679년): 잉글랜드 왕국의 정치철학자이자 최초의 민주적 사회계약론자이다. 서구 근대정치철학의 토대를 마련한 책『리바이어던』(1651)의 저자로 유명하다.

106) 앙투안 아르노(Antoine Arnauld, 1612년~1694년): 프랑스의 신학자. 1641년 파리대학에서 신학박사 학위를 받았으며, 아우구스티누스 학설을 따라, 신의 은총에 대해 가장 엄격한 계율로 되돌아갈 것을 주장하는 얀선파의 지도자.

107) 피에르 가상디(Pierre Gassendi, 1592년~1655년): 프랑스의 물리학자 · 수학자 · 철학자이다.

108) 부르댕 신부의 반대에 대한 데카르트의 의견. 데카르트는 부르댕 신부에게 매우 불편한 마음을 가졌던 것으로 추정된다. "나는 무지한 사람들의 트집을 방지하기 위해 다수의 신학자들로부터 승인을 받기를 원했다. 왜냐하면 부르댕 신부의 트집으로 인해 나는 앞으로 내가 할 수 있는 한 권위를 가진 사람들의 보호 속으로 들어가겠다고 결심했음을 당신에게 말하고자 한다. 왜냐하면 진리가 홀로 있을 때는 거의 인정받지 못하기 때문이다.『제일철학에 대한 명상』 데카르트 지음, 이현복 옮김, 1997, 284쪽.

일부가 썩어서 나머지를 상하지 않도록 하려면 어떻게 해야 할까? 먼저 사과 바구니를 완전히 비운 뒤 사과를 하나씩 살펴보며 상하지 않은 사과만 선택하여 바구니에 담는다. 나머지는 바구니에 담지 않는다. 마찬가지로, 철학을 제대로 해본 적이 없는 사람들도 마음속에는 다양한 의견이 축적되어 있다. 그리고 대다수가 사실이 아니라는 것을 당연히 인지하고 있는데 그것들이 사실과 뒤섞여 모두가 불확실해지지 않도록 분리하려면 어찌해야 할 것인가? 자신의 마음속에 있는 사실과 사실이 아닌 것 모두를 버리는 것보다 마음을 정리한 뒤(철저하게 의심한 뒤) 그것들을 차례대로 검토하여 사실만을 받아들이는 것이 최선일 것이다. 그렇게 해서 받아들인 사실들은 의심할 여지가 없다.”

5. 에티카의 인식론

20세기 초 영국의 철학자 '스튜어트 뉴턴 햄프셔' 경[109] 은 그의 책『The age of reason; the 17th century philosophers』(이성의 시대; 17세기 철학자들)에서 '스피노자'[110] 를 이렇게 표현했다.

"스피노자 연구를 역사적으로 검토해 보면 스피노자를 자유사상가이자 유대-기독교 신학의 파괴자로, 순수연역적 형이상학자로, 논증적 추리를 넘어서는 직관적 이해의 수준을 상상하는 준신비론자(near-mystic)로, 끝으로 19세기의 조잡한 물질주의자들과 세속적 도덕주의자들을 앞질러 보여주는 과학적 결정론자로 파악하고 있는데, 사실 이 모든 가면들이 그에게 씌워져 왔고, 이들 각각의 가면이 완전히 어긋나 있지는 않다."[111]

'기하학적 방법'에 의한 '윤리학'이라는『에티카』의 연구 제한점은 '데카르트'가 만들어 놓은 다소 부실한 사유체계를 어떻게든 완전하게 해석해 보려는 '스피노자' 나름의 노력이었다고 보는 것이 일반적 통설에 가깝다.

109) 스튜어트 뉴턴 햄프셔 경(Sir Stuart Newton Hampshire FBA, 1914년~2004년): 영국의 철학자, 문학 평론가 및 대학 행정가. 제2차 세계대전 이후 도덕적, 정치적 사상에 새로운 방향을 제시한 반합리주의 옥스퍼드 사상가 중 한 사람.

110) '바뤼흐 스피노자'(Baruch Spinoza, 1632년~1675년): 포르투갈계 네덜란드 출신의 철학자.『중학교 철학 2』김준식, 교육과학사, 2023, 104쪽 참조.

111)『The age of reason; the 17th century philosophers』New American Library, 1956, 99쪽.

여러 가지 문제에도 불구하고 '스피노자'는 매우 뛰어난 철학자였으며 동시에 위대한 유대-기독교 신학의 파괴자임은 분명하다. 그의 『에티카』 속에 들어있는 인식론에 대하여 살펴보자.[112)]

1) 에티카의 불교적 이해

(1) 제1부 신에 대하여〉 공리 4, 공리 5

제1부 신에 대하여〉공리 4

공리 4. 결과의 인식은 원인에 대한 인식에 의존하며 그것을 포함한다.

제1부 신에 대하여〉공리 5

공리 5. 서로 아무런 공통된 것도 가지지 않은 것들은 서로 상대편에게 인식될 수 없으며, 또한 개념은 다른 개념을 포함하지 않는다.

여기서 '공리'를 다시 한 번 더 설명하면 '공리'(公理, Axiom)는 어떤 이론체계에서 가장 기초적인 근거가 되는 명제命題다. 어

112) 불교 인식론의 필터로 에티카를 이해하고자 하였다.

떤 다른 명제들을 증명하기 위한 전제로 이용되는 가장 기본적인 가정을 가리킨다. 지식이 참된 것이 되기 위해서는 근거가 필요하나 근거를 소급해 보면 더 이상 증명하기가 곤란한 명제에 이르게 된다. 그것이 바로 '공리'이다.

'공리 4'를 분석해보면 결과와 원인은 완벽하게 연결되어 있다는 것인데 이것은 불교의 '연기'緣起와 겹쳐진다.

하지만 공리 5는 공리 4의 이야기와는 매우 동떨어진 이야기로 들린다. 하지만 '스피노자'의 의도는 인연생기의 본질적 함의, 즉 '무자성'無自性(nir-svabhāva), 즉 고정 불변하는 '자성'自性이 없으며 모든 현상은 여러 인연의 일시적인 화합에 지나지 않으므로 거기에 불변하는 실체가 없다는 것을 이야기하고 있다. 『에티카』 속에서 '개념'이라는 단어는 '자아'와 비슷하게 사용되고 있음을 자주 발견한다.[113)]

이어지는 '정리'定理(Theorem, 증명이 필요한 명제 중 증명이 완료된 명제)에서 '스피노자'는 이렇게 부연敷衍(알기 쉽게 덧붙여 자세히 설명)하고 있다.

113) 제1부 신에 대하여〉 공리 6. 참다운 개념은 자신의 대상과 일치하지 않으면 안 된다.

(2) 제1부 신에 대하여〉 정리 3

정리 3. 서로 아무런 공통점이 없는 사물들은 그것들 중 하나가 다른 것의 원인이 될 수 없다. 만일 사물들 상호 간에 아무런 공통점도 없다면 그것들은 서로 상대방에 의해 인식될 수 없다.

이 말은 앞의 공리 5를 공리 4에 연결시키려는 '스피노자'의 노력으로 보인다. '데카르트'의 육체와 정신에 대한 이원론은 수많은 철학자들에게 늘 공격의 대상이었다. '스피노자' 역시 '데카르트'에 동의하면서도 동시에 이원론의 함정을 넘어서려고 노력한다.

대상과 주체를 분리하고 그 분리 원인을 공통점이 없는 것으로 했는데 공통점은 역시 위에서 말한 '연기'가 될 것이며 전체적으로 '공관'의 태도를 견지한다. '공관'空觀이란 모든 존재는 그 자체의 본성이 없고 고정적으로 실재하는 것이 아니라는 태도다.

2) 에티카의 인식론

'스피노자'에게 있어서 인식론의 궁극 목적은 사실 '신'을 어떻게 '인식'하는가였다. 이 점에서 '신'을 직관하는 것이 목표였기 때문에 언제나 '개념'의 우위에 '직관'을 두려고 노력했다.

(1) 제2부 정신의 본성과 기원에 대하여〉 정리 19, 정리 20

정리 19. 인간 정신은 오직 신체가 받는 변용의 관념에 의해서만 인간 신체 자체를 인식하며 또 그것이 존재하는 것을 안다. 왜냐하면 인간 정신은 인간 신체의 '관념'이나 '인식'이기 때문이다.

'데카르트'의 육체와 정신의 논리로부터 멀어지려 하는 '스피노자'였지만 아직은 '데카르트'의 영향력에서 크게 벗어나 있지 못하다. 하지만 인간 정신을 이미 인간 신체의 우위에 놓고 설명하고 있다. 즉 '직관'과 '개념'의 층위를 인정한다.

정리 20. '신' 안에는 또한 인간 정신에 대한 '관념'이나 '인식'이 있다. 이것들은 인간 신체의 관념이나 인식과 같은 방식으로 '신' 안에 생기며, 같은 방식으로 신에게 귀속된다.

'신'이라는 실체 속에 내재하는 인간 정신을 인정하고 다시 그 모든 것을 '신'에게로 귀속시키는데 이것은 '스피노자'의 인식론의 정점이자 분명한 한계라고 생각한다.

'마명'[114] 이 저술한『대승기신론』[115] 에는 "일체 중생은 모두 '진여'를 가진다."라고 서술되어 있는데 '진여'가 곧 '불성'이다. 이 '불성'은 불교의 일반적 이론에 의하면 여래(신)의 지혜 속에 있다고 한다. 정리 20의 내용과 매우 유사하다.

이런 면으로 추정해 본다면 앞서 '햄프셔'의 주장과 같이 '스피노자'는 직관주의자였다. 하지만 아직은 신비적이고, 형이상학을 추구하였으며 여전히 '데카르트'의 연역적 독단에서 벗어나지 못하고 있음도 보여준다.

(2) '인식'과 '파악'

『에티카』에서는 '인식'은 주로 'Knowledge'로 표현된다. 'Knowledge'는 라틴어 'conscious', 즉 의식한다는 의미이다. 영어에서 'Knowledge'가 사용된 것은 12세기 초로 거슬러 올라가는데 당시의 의미는 "상위, 명예, 예배에 대한 인정"이

114) 마명(馬鳴, 아슈바고샤, 80년경~150년경): 인도의 고전인 산스크리트 문학 최초의 불교 시인이다. 정확한 생몰년은 알려져 있지 않지만, 보통 불멸 후 600년 후에 태어났다고 전한다. 브라만교 출신으로 불교에 귀의하여 보살의 칭호를 얻었다. 서사시『붓다차리타』와 불교 이론서인『대승기신론』이 대표작으로 유명하며 불교 학자이자 인도 고전 문학 융성의 선구자로서 문학사상 중요한 위치를 점하고 있다.

115) 대승기신론: 대승불교의 논서이다. 줄여서 '기신론起信論'이라고도 한다. 문자 그대로의 의미는 "대승(큰 수레) 또는 대승불교에 대한 믿음을 일으키는 또는 일으키기 위한 논서"이다.

었다. 14세기 후반부터 '알고 이해하는 능력, 친숙함' 또는 '알고 있는 사실이나 조건, 사실에 대한 인식'이라는 뜻으로 수용되었다.

비슷한 의미로 '파악'이 있다. 영어 'conceived'는 13세기 후반, 'conceiven', "(씨앗)을 자궁에 넣다, 임신하다"라는 뜻과 라틴어의 'concipere' "받아들이다; 임신하다"의 의미가 있다.

이후 14세기 중반, '마음속으로 들어가 올바른 '개념'을 형성하다'라는 의미로 이해되었고, '일반적인 개념으로서의 형태'라는 현재와 비슷한 의미는 14세기 후반에 가서 정착되었다.[116)]

하지만 『에티카』 라틴어 원본에서는 'Knowledge'는 'cognitio'로 'conceived'는 'concipi'로 쓰이는데 의미는 크게 다르지 않다.

문제는 '스피노자' 자신이 특정 대상을 '인식'하고 '파악'하는 것이 아니라 대표단수로서 인간에게 특정한 대상물이나 개념이 수용되는 상황을 그렇게 묘사했다는 것이다. 여기서 새로운 문제가 제기될 수 있다. 즉 '스피노자'의 '인식'이나 '파악'은 다

116) 온라인 어원사전, © 2001–2024 Douglas Harper

시 우리에게 '인식'되고 '파악'되면서 '스피노자'의 그것과 차이가 생겨날 수밖에 없다는 사실이다.

이를테면 다음과 같은 것이다.

제1부 신에 대하여〉공리 2

공리 2. 다른 것에 의하여 파악될 수 없는 것은, 그 자신에 의하여 파악되지 않으면 안 된다.

여기서 '스피노자' 자신의 경험이 아닌 객관적인 상황 설정을 통해 이야기를 시작한다. 즉, "다른 것에 의해 파악될 수 없는 것"이라는 가정은 그 '다른 것'을 인식하고 파악한 것이 누구인가 하는 문제인데 지극히 단순하게 '다른 것'이라고 표현되는 이상 '스피노자' 내부의 '인식'이나 '파악'이라고 보이지는 않는다.

뿐만 아니라 다음 구절의 '그 자신'은 역시 '스피노자'가 아닌 앞의 '다른 것'인데 이것은 라틴어, 영어 그리고 우리말에서 오는 언어의 차이가 아니라 어떤 언어로 해석하든 엄격하게 '스피노자'가 아닌 외부의 사태에 대한 '스피노자'의 '인식'과 '파악'에 따른 판단인 것이다. 그 판단을 통해 '스피노자'는 이것을 '신'의 속성 중의 하나라고 주장하는 것이다.

그렇다면 이미 ‘스피노자’에게 ‘인식’되고 ‘파악’되어 ‘공리’로 완성된 “다른 것에 의하여 파악될 수 없는 것은, 그 자신에 의하여 파악되지 않으면 안 된다.”는 ‘스피노자’의 ‘인식’일 것이라는 가정하에 이 문장을 읽는 우리는 이 ‘공리’를 해석 수용하기 위해서 새로운 체계, 즉 글을 읽고 있는 나의 독립적인 사고체계에서 ‘인식’하고 ‘파악’해야 하는 상황에 놓이게 된다.

그러면 새로운 해석은 가능한가?(독자적이며 다소 거친 해석일 수 있음)

제1부 신에 대하여〉공리 7

공리 7. 존재하지 않는다고 파악할 수 있는 것의 본질에는 존재가 포함되지 않는다.

위 공리 7을 하나하나 분석해 보자. 먼저 ‘존재하지 않는다’는 ‘공간을 점유하지 않는다’이거나 ‘처음부터 아무것도 없다’는 이야기 둘 중의 하나일 것이다. ‘공간을 점유하지 않는다’는 우리의 감각의 문제일 뿐, 존재 자체를 부정할 수 없는 것이므로 이 논의에서는 제외되어야 한다.

그러면 두 번째 ‘처음부터 아무것도 없다’로 생각하는 것이 타당하다. 처음부터 아무것도 없다면 당연히 그 이전도 이후도 없을 뿐만 아니라 그것에 대한 어떠한 가정도 불가능하다. 그런데 '스피노자'는 본질을 가정하고, 동시에 '처음부터 없는 상황' 자체를 부정하는 또 다른 '존재'를 개입시킨다. '신'이라는 특수한 상황을 설명하기 위해서 필요한 논리일 수는 있지만 '스피노자'가 말한 기하학적 방법과는 부합하지 않아 보인다.

즉 '존재하지 않는다고 파악할 수 있는 것'과 '본질', 그리고 '존재가 포함되지 않는다'는 각각 모순된다. 이는 마치『테아이테토스』에서 '소크라테스'가 설명한 점토에 대한 이야기와 유사하다.

'소크라테스'는 이렇게 답한다. "이 질문에 옹기장이들의 '점토'와 화덕장인들의 '점토', 그리고 벽돌장이들의 '점토' 각각의 것이 '점토'라고 대답한다면, 그것은 '점토' 자체에 대한 지식을 말하는 것이 아니라 그것들의 쓰임에 대해서 말하는 것이라네."[117)]

이 장면은 '점토'라는 용어를 쓰면 그것이 무엇인 줄 알고 쓴다는 의미인데, 역시 이 말을 확대 해석하면 '점토'라고 쓰는 순간 이미 우리는 '점토'라는 지식을 가지고 있다는 것이 되고 만

117)『테아이테토스』 플라톤, 정준영 옮김, 이카넷, 2022, 39쪽.

다. ‘스피노자’ 역시 동일한 오류를 범하고 있는 듯하다. 즉 존재를 완전히 부정한 앞 문장에 이어 나오는 ‘본질’은 존재의 본질인가 아니면 존재하지 않는 것의 본질인가? 스피노자는 존재하지 않는다고 가정된 상황의 본질이라고 사용했을 가능성이 높다. ‘소크라테스’가 점토라고 이야기하는 순간 이미 ‘점토’라는 지식을 가지는 것처럼.

하지만 존재하지 않는 것은 앞서 이야기했듯이 처음부터 아무것도 없으므로 ‘본질’이라는 용어를 쓸 수 없다. 만약 ‘본질’을 쓸 수 있다면 존재했으나 현재는 존재하지 않는 것으로 존재했을 당시의 상황에 해당하는 이야기는 가능하다. 그 다음이 결정적으로 오류다. ‘존재가 포함되지 않는다’인데 처음부터 존재하지 않는 것에 ‘본질’이 있을 수 없고, ‘본질’이 없는 상황에서 ‘본질’의 성질을 이야기하는 것은 앞의 문장을 부정하는 문장이거나 혹은 전체적으로 오류인 문장일 가능성이 높다.

JTB 조건은 만족하지만, ‘지식’이 아닌 사례가 존재한다고 주장한 ‘게티어’는 JTB 조건의 진리집합을 A, ‘지식’의 진리집합을 B라 하였을 때, A-B에 속하는 반례가 있다고 말했다. ‘게티어’의 논리를 이 문제에 대입해 보자! 여기서는 ‘존재하지 않는다’라는 명제가 A, 비존재의 ‘본질 속에 존재가 없다’는 명제 혹은 진리(‘스피노자’가 더 이상 논증할 필요가 없는 공리라고 단정하였기 때문에)를 B라 한다면 A-B는 공백이거나 아니면 우리의 인식을 넘어서는 또 다른 공간이 존재해야만 한다.

6. 데이비드 흄의 인식론

1) 생각의 기원

'흄'[118]은 인간 본성의 심리적 기초와 함께 자연주의적 인간 과학을 창조하려고 노력했다. '존 로크'[119]와 더불어 생래적 사고의 존재를 거부하고 모든 인간 지식은 경험에서만 나온다고 결론지었다. 이로 인해 그는 경험론자로 분류된다.

'흄'은 그의 책 『Philosophical Essays Concerning Human Understanding』[120] 제2부 Of the Origin of Ideas(생각의 기원)에서 다음과 같이 이야기한다.

"생각은 마치 무한한 자유를 가진 것처럼 보여도 자세히 살펴보면 실제로는 엄격한 제약 속에 있다는 것을 알 수 있다. 창의성은 본질적으로 감각과 경험이 제공한 것을 '혼합'하고 '재

118) 데이비드 흄(David Hume, 1711년~1776년): 스코틀랜드 에든버러 론마켓 주변에서 태어난 계몽주의 철학자, 역사가, 경제학자, 사서, 수필가. 철학적으로는 극단적인 경험주의자이자 중립적인 회의주의자로 알려져 있다.

119) 존 로크(John Locke, 1632년~1704년): 잉글랜드 왕국의 철학자 · 정치사상가이다. 로크는 영국의 본격적인 첫 경험론 철학자로 평가를 받는다. (최초의 영국 경험론자는 프랜시스 베이컨이다.) 또한 그의 사회계약론도 매우 중요한 평가를 받고 있다.

120) 『인간 본성의 이해에 관한 철학적 에세이』 1739~40.

배열'하며 '강화'하거나 줄이는 능력이다. 예를 들어 황금 산을 상상할 때 단순히 금과 산이라는 친숙한 개념을 결합하는 것이다. 나는 경험을 통해 미덕을 이해하고, 이 미덕을 알려진 단어의 모양과 연결해 고결한 말을 그릴 수 있다. 본질적으로 모든 사고 자료는 외부와 내부 관찰에서 나온다. 마음만이 이러한 요소들을 혼합하고 일치시킬 수 있다. 학술적인 용어로 바꾸어 말하면, 나의 모든 생각, 즉 희미한 인식은 좀 더 생생하고 강한 인상의 복제에 지나지 않는다."[121)]

이 글을 바탕으로 본다면 '흄'이 생각한 '인식'은 경험의 중요한 구조이자 동시에 결과물이다. '흄'의 말처럼 경험을 통해 받아들인 것을 혼합하고 강화하거나 줄이는 과정은 인식의 과정과 다르지 않으며 더불어 그렇게 해서 우리에게 수용된 것이 '인식'이라는 결과물인 것이다.

2) 관념의 기원과 조합에 대하여

경험을 통해 받아들인 것을 혼합하고 강화하거나 줄이는 과정은 우리가 사물이나 사태로부터 그것을 인식하는 과정과 다

121) 『Philosophical Essays Concerning Human Understanding』 제2부 Of the Origin of Ideas, Printed for A. Millar, opposite Katharine-Street, in the Strand. MDCCXLVIII(1748). 25쪽.

르지 않으며, 더불어 그렇게 해서 우리에게 수용된 결과물이 바로 '인식'이라는 것이다.

이 이야기를 다시 '흄'은 다음과 같이 보충 설명한다.

첫째, "자신의 생각 중에 매우 복잡한 생각을 면밀히 되짚어 보면 그것들이 이전의 자신이 느꼈던 감각이나 또는 감정에서 비롯된 단순한 생각에서 비롯되었다는 것을 알게 된다."라고 주장한다. '흄'은 이 논리의 예로, 하나님의 개념을 생각해 보면, 그것은 스스로의 정신 활동을 숙고하고 선함과 지혜의 속성을 무한히 확장한 결과라고 한다. 즉 하나님의 존재는 인간이 경험으로 인식한 '선함'과 '지혜'의 무한 확장판일 뿐이라는 것이다.

둘째, 인간의 감각 기관에 문제가 생겨 특정 감각을 잘 느끼지 못하면 관련된 개념도 이해하기 어렵다고 주장한다. 시각 장애인은 색에 대한 구체적 개념을 이해하기 어렵고, 같은 이유로 청각 장애인은 소리의 구체적 개념을 이해하기 어렵다는 것이다.

'흄'에 의하면, 관념은 실제 경험과 감각을 통해 우리의 '인식'에 들어오는데 사람들은 전혀 경험해보지 못한 다른 감각들을 쉽게 받아들이는 오류를 범한다고 주장한다. 하지만 '흄'은 여기서 하나의 또 다른 가능성을 제시한다. 간혹 감각 경험이 전혀 없이도 '관념'이 생겨나는 수수께끼 같은 경우가 있다고 이야기한다. 그리고 이렇게 주장한다.

"우리 관념 대부분이 반드시 감각에서 비롯되는 원칙이 있지만, 드물게 관념이 완벽하게 감각 경험에서 직접 오지 않는 경우가 있을 수 있다는 가능성도 열어 둔 것이다. 즉 모든 추상적인 관념은 본래 모호하고 불분명하기 때문에 대부분의 사람들은 그 추상적인 개념에 대한 이해력도 약할 뿐만 아니라 유사한 개념과도 쉽게 혼동한다. 따라서 자신의 경험으로부터 획득된 관념을 다른 관념(유사한 것)으로 연결시키는 오류를 범하기도 한다는 것이다. 그런가 하면 구체적 용어를 잘못 사용하여 그 용어를 다른 개념에 연결시키는 경우인데, 그렇게 되면 착오에 의한 용어로부터 기인된 관념을 비판 없이 수용하게 된다는 것이다."[122)]

3) 관념의 연결[123)]

이렇게 해서 획득된 '관념'들은 다시 '관념'들끼리 연결되어

122) 앞의 책. 25~30쪽 요약.

123) Of the Connexion–미국식connection– of Ideas.

새로운 '관념'이 되고 그것들은 전체적으로 우리의 인식을 결정하는 중요한 단서가 되는 것이다. 그 상황에 대한 '흄'의 생각은 다음과 같다.

먼저 '관념'과 '관념'들이 연결되는 것은 몇 가지 원칙에 의해 결정되는데 그것을 '흄'은 '질서'와 '연관성'으로 표현하였다. 그리고 그 '질서'와 '연관성'은 일정한 패턴을 가지게 된다고 생각하였다.

그 처음이 '유사성'(similarity)이다. '유사성'이란 각기 다른 사물, 언어, 관념 속에 포함된 것들 중에 비슷한 '관념'을 의미하는데 이것이 연관성의 첫 번째 패턴에 속한다. 유사성은 『Philosophical Essays Concerning Human Understanding』의 제4부 Sceptical Doubts concerning the Operations of the Understanding(이해의 작동에 대한 회의적인 의구심)에서 더 깊이 논의된다.

그 다음은 '공간의 근접성'(Portion of Space)이다. 'Portion'(부분, 할당, 일부)을 '근접성'(proximity)으로 해석하는 것에는 애매한 부분이 있지만 적절한 용어를 찾기 어렵다. 공간의 '일부'를 서로 공유하려면 필수 요건이 근접해야 한다는 것인데 그 부분에 초점을 맞춰 '근접성'이라고 이야기해 보는 것이다. 즉 '질서'

와 '연관성'은 공간의 '근접성'이 확보되어야 한다는 의미가 될 것이다.

마지막으로 '원인과 영향의 관계'(Cause and Effect)다. '흄'은 역사가들의 역사 서술을 예로 들면서 인류 역사의 발전 과정을 되짚어 보면 '원인과 영향'(또는 결과)이 반드시 존재하는데 이와 같이 '관념'의 연결 역시 '원인과 영향의 관계'로 구성되어 있다는 것이다.[124)]

4) 이해력의 작동에 대한 회의주의적 의심들

'흄'은 인간의 이성으로 살펴볼 수 있는 주제는 '관념 관계'와 '사실 문제'(Relations of Ideas and Matters of Fact)라는 두 부류로 나눌 수 있다고 주장한다.

'관념의 관계'(Relations of Ideas)는 대수학이나 기하학처럼 분명하게 입증 가능한 것으로서 실체가 존재하지 않아도 논리적 사고만으로도 이해할 수 있는 것이다.

하지만 '사실 문제'(Matters of Fact)는 관념의 관계 같은 수학

124) 앞의 책, 31~43쪽 요약.

적 방식으로는 확증되지 않거나 또는 확증할 수 없는 문제를 말한다. 심지어 사실 문제에서 도출된 진실이라 하더라도 그 확신은 '관념의 관계'와는 다른 종류의 것이다.

'흄'의 주장은 이렇게 정리된다.

"나는 사물 간의 연결 지식이 선험적 추론으로 생기는 것이 아니라 일관되게 연결된 특정 사물을 관찰함으로써 오직 경험에서 비롯된다고 확신한다."

'흄'은 이 주장을 뒷받침하기 위해 다양한 예시를 들어 설명한다. 이를테면 결과가 복잡한 메커니즘이나 숨겨진 구조와 연관되어 있을 때, 그 사실에 대한 우리의 이해는 오로지 경험에서 나왔다는 것을 알 수 있다. 이를테면 우유나 빵이 인간에게는 좋은 음식이지만 사자나 호랑이에겐 그렇지 않다는 것을 명확히 설명하는 이는 없다. 다만 '경험'이 그것을 증명할 뿐이다.

심지어 '흄'은 한발 더 나아가 모든 결과는 원인과 거의 '독립적'(arbitrary)이라고 주장한다. 즉 원인만 가지고 결과를 예측하는 것은 거의 불가능하며 그 원인에 대한 최초의 '관념'은 순수한 추측일 뿐이라고 주장한다. 그리하여 이런 주장에 도달한다. "관찰이나 경험 없이 어떤 사건을 찾아내거나 원인과 결과를 추론하는 것은 소용없다." 이리하여 극단적인 경험론으로 치닫는 '흄'을 발견하게 된다.

'흄'이 이러한 논리의 예시로 제시한 것은 다음과 같다.

'흄'은 지식이 부족한 농부, 아주 어린 아이, 동물까지도 경험을 통해 배우고 결과를 관찰하면서 주변 사물의 특성을 파악한다고 주장한다.

예를 들어, 아이가 촛불에 손을 데고 난 후에는 촛불을 조심하게 되는데, 그 원인은 다음과 같은 작용에 의해 비롯된 것이다. 즉 아이는 촛불에 가까이 다가갈 때 이전의 데었던 통증을 떠올리며 같은 통증을 겪지 않기 위해 촛불로부터 멀어진다는 것이다. 이는 촛불과 그 촛불에 덴 이해가 아이의 '인식' 속에서 논리적으로 분석되었기 때문이라고 주장한다. 즉 아이의 촛불에 대한 태도는 '경험'에 완벽히 의존한다는 것이다.[125)]

125) 앞의 책, 42~54쪽 요약.

7. 버클리 인식론

1) 인지원리론[126)]

'버클리'[127)] 는 우리가 지각하는 것만이 실체이며, 지각하지 못하는 것의 실체는 없다, 즉 "존재하는 것은 지각되는 것이다(Esse est percipi = It is perceived to be)"라는 명제로 요약될 수 있는 '비물질론(immaterialism)자'로 분류된다.

그는 이러한 생각의 결과로 1709년『신 시각론』[128)] 에서 인간 시각의 한계와 시각의 대상은 물체가 아니라 빛과 색이라는 이론을 발표하여 처음에는 논란의 대상이 되었으나 이는 결론적으로 '뉴턴'의 광학이론을 강화하는 이론으로 받아들여지고 있다.

'버클리' 이론의 핵심은 오직 정신적인 사건과 그것을 지각하는 사고방식만이 있을 뿐, 물질적인 것은 없다는 것이다. 그는

126)『A Treatise concerning the Principles of Human Knowledge』(인지원리론) 1710

127) 조지 버클리(George Berkeley, 1685년~1753년): 영국계 아일랜드의 철학자, 과학자, 성공회 주교이다. 정신적인 것을 제외한 모든 것은 감각기관에 의해 지각되는 경우에만 존재한다고 주장하는 극단적 경험론(Empiricism)자로 유명하다.

128)『An Essay Towards a New Theory of Vision』 1709, 버클리는 이 책에서 인간이 가진 시각의 한계에 대하여 의문을 제기하고 시각의 대상은 물체가 아니라 '빛'과 '색'이라는 이론을 주장함.

『Treatise Concerning the Principles of Human Knowledge』(인지원리론)와 『Three Dialogues between Hylas and Philonous』('하일라스'와 '필로노스' 사이의 세 가지 대화)를 통해 그의 이러한 생각을 정리하였다. 여기서 Philonous(필로노스)는, 정신을 사랑하는 사람(lover of the mind)이라는 뜻으로, '버클리' 자신을 가리키는 말이다.

'버클리'의 『인지원리론』은 Introduction을 포함하는 전체 156항목으로 이루어졌다. 이것은 다시 크게 세 부분으로 나누어진다.

1-33항목은 "존재한다는 것은 지각되는 것이다(Esse est percipi)"라는 '비물질론'非物質論의 근본 주제를 논리적으로 증명한다.

'로크'는 '인간지성론'에서 CHAPTER I. '타고난 사색의 원리는 없다.' CHAPTER II. '타고난 실천적 원리는 없다.'로 인간 지성을 분류했는데 '버클리'는 이러한 구별의 근거는 '추상관념'抽象觀念[129] 에 있다고 이야기한다.

'버클리'는 34-84항목에서는 대중의 상식이나 종교적 신앙에

129) 135쪽 8) 추상관념 참조.

서 제기하는 여러 반론(비물질론에 대한 반론)에 재반론함으로써 '비물질론'의 기초를 다지고 있다.

그는 "우리가 보고 듣고 만지는 것은 모두 이전의 경험에 의해 완벽하게 동일하고 동시에 분명하며 실재의 상황이다. 이와 같이 감각에 따른 관념은 자연의 분명한 규칙과 법칙에 따라 우리의 인식 속에 각인刻印된다"라고 말한다.

85-156항목은 비물질론非物質論의 결론을 제시하는데 거의 종교적 이야기로 귀결된다.

2) 인식[130)]

'버클리'는 객체의 존재 상황은 지각자에 의해 지각되는 상태라고 주장하며 이 책을 시작한다. 사람의 마음은 객체 자체를 '인식'하는 것이 아니라 그것에 대한 생각을 지각하는 것이라는 이야기다. '버클리'는 이렇게 말한다. "나는 내가 관찰한 특정 사물의 관념을 다양한 방식으로 결합하고 나누며 상상하거나 개념화한다."

130) 'to be perceived'

나아가 '버클리'는 이렇게 말한다. "생각이 없는 실체는 있을 수 없다. 그러므로 지각하는 마음이나 정신이 관념의 유일한 실체이다. 생각은 인식자 내부에 있거나 또는 인식자에게 전적으로 속한다."[131] 이렇게 되면 '실체'는 인식자(관찰자) 내부적 문제가 되고 만다.

3) 로크 이론에 대한 반박

'로크'는 사물의 주요 특성은 지각하는 사람의 마음과 별개로 물질에 종속되어 존재한다고 생각한 반면, '버클리'는 이것을 '일차적 특성'(primary qualities)이라고 부르면서 사물의 특성조차 지각하는 사람의 마음속에 존재하는 생각이라고 주장한다. 이러한 생각은 지각할 수 없는 물질적인 실체나 물질은 존재할 수 없다는 생각으로 이어진다.[132]

4) 감각과 정신

'버클리'는 사물이 가지는 '단일성'(통일성Unity)은 대단히 추상적인 생각이라고 단언한다. 즉, '일차적 특성'(primary qualities,

131) 『Treatise Concerning the Principles of Human Knowledge』, George Berkeley, Wikisource, 2024. 34쪽.
132) 앞의 책, 31쪽.

형태, 연장, 움직임 등)이나 '이차적 특성'(secondary qualities, 색, 맛, 촉감) 모두가 그러하다는 것이다. 즉 그것들은 관찰자의 기준에 따라 언제나 변화하기 때문이라는 것이다. 어떤 색이나 연장, 또는 기타 감각적 특성이 생각 없이 존재한다는 것은 불가능하다. 즉 '감각'에 의존하여 존재하는 모든 특성은 감각 기관과 마음이 그것을 인식해야 하는 것이다. "생각하지 않는 주제(unthinking subject)"라는 말은 "생각 없는(밖의) 문제(mindless matter)"로서 "마음에 없다(without the mind)"라는 말은 "마음속에 없다(not in the mind)"의 뜻이다.[133)]

5) 실체(물질)

'버클리'에게 있어 '물질'이란 '물질적 실체'이다. '물질적 실체'는 다시 '일반적 존재'(being in general)와 '우연의 토대'(support of accidents)라는 두 가지 의미가 있다고 이야기한다.(여기서 accident는 unessential, 즉 본질적이지 않다는 것을 의미하기 위해 사용) '버클리'는 다음과 같이 이야기하면서 이 문제를 정리한다.

"공원에 나무가 있다거나, 책장에 책이 있는 것을 상상하는 것은 쉽다. 하지만 내가 책이나 나무라고 부른다는 것은 나무

133) 앞의 책, 35, 70, 106쪽.

나 책의 관념을 내 마음속에 그리는 것에 지나지 않는다. 나에 의해 그려진 책과 나무에 대한 관념은 내 마음속으로 (나무와 책에 대한)아이디어를 상상하거나 형성할 수 있는 힘이 나에게 있다는 것을 보여줄 뿐이다."[134)]

즉 책이나 나무와 같은 물질적 실체는 일반적 존재이기는 하지만 우연의 토대로서 나의 '관념' 속에서 일어나는 것이야말로 오히려 더 실체에 가깝다는 의미가 된다.

6) 외부 객체(대상)

'버클리'는 감각을 통한 우리의 지식은 우리에게 감각에 대한 지식을 줄 뿐, 지각되지 않는 것에 대한 지식은 주지 않는다고 생각했다. 이성을 통한 지식은, 대상이 존재하지 않아도 무방하다고 생각한 것이다.

"예를 들어 색, 모양, 움직임, 연장 등은 감각으로는 생각할 수 있겠지만 지각되지 않으면 알 수 없다. 그러나 때로 마음과 무관하게 존재하는 사물을 대하는 순간 우리는 회의주의에 빠지게 된다. 우리는 단지 사물의 본질이 아닌 겉모습만 본다. 무

134) 앞의 책, 40쪽.

엇이 사물의 연장, 모습, 운동이건 간에, 그것들의 절대적인 실체를 아는 것은 불가능하다. 오로지 우리가 알 수 있는 것은 그것들이 우리의 감각에서 차지하는 비율(proportion)과 관계(relation)일 뿐이다. 이를테면 사물이 같더라도 우리의 관념은 다양하다. 그중 어느 것이 그 사물의 실체인지 우리의 의지와는 무관하다. 즉 결정할 수 없는 문제이다. 따라서 우리가 아는 한, 즉 우리가 보고, 듣고, 느끼는 모든 것은 단지 사물 그 자체에 지나지 않는다. 우리가 보고, 듣고, 느끼는 것은 환상과 허구에 불과하며, 현실의 사물과 전혀 일치하지 않을 수도 있다. 즉 우리가 이해하고 있는 '사물'은 실재의 '사물'과는 전혀 다를 수도 있는 것이다."[135]

이것은 자연계에 존재하는 실제 사물과 나의 관찰은 전혀 일치하지 않을 수도 있다는 이야기가 된다. 이러한 '버클리'의 극단적인 회의론은, '플라톤'의 생각처럼 사물과 이데아 사이에 분명한 차이가 있다고 우리가 가정하는 데서 비롯되었을 것이다. 이러한 생각의 끝(극단적 회의론)은 우리가 '사물'과 '관념'을 구분한 뒤 '사물'은 '마음' 없이 존재할 수 없으며, '관념' 역시 '마음' 없이 존재할 수 없다는 것이다. 그런가 하면 책 속에서 일부는 '마음' 없이, 혹은 인식되지 않고 존재할 수도 있다는 가정도

135) 앞의 책, 83쪽.

슬며시 제시하고는 있다.

7) 강한 생각과 희미한 생각

'강한 생각'이 있고 '희미한 생각'이 있다. 우리는 '강한 생각'을 '현실'이라고 부른다. 그것들은 규칙적이고, 생생하며, 일정하고, 뚜렷하고, 질서 있고, 일관성이 있다. 감각에 대한 이러한 강한 생각, 즉 '현실'은 지각하는 사람과는 사실상 무관하다. 반면 '희미한 생각'은 덜 생생하고 뚜렷하지 않고 생각의 복제이거나 그 이미지로서 인식자가 만들어 낸 창조물에 가깝다. 따라서 '버클리'의 생각은 '강한 생각'(현실)과 '희미한 생각'(그것의 복제이거나 이미지)은 모두 생각에서 출발하기 때문에 여전히 지각하는 사람의 마음에만 존재한다는 것이다.[136)]

8) 추상관념

'버클리'는 '로크'가 주장한 '표상적 실재론'[137)] 에서 제시한 '추상 관념'은 허구적인 것이며, 오직 언어적 편의를 위해 임의로

136) 앞의 책, 46, 47, 82, 85쪽.

137) 존 로크의 '표상적 실재론'은 우리가 지각 · 반성하는 대상은 실존하는 외부 세계의 사물에 대하여 감각 기관을 통하여 내적으로 형성된 표상인 관념이 유일하다고 주장했다. 『An Essay Concerning Human Understanding』 제1권 CHAP. Ⅳ. Other Considerations concerning innate Principles, both speculative and practical(사변적이고 실용적인 선천적 원리에 관한 다른 고려 사항)

등장한 것이지 실존하는 것이 아니라고 비판하였다.[138)]

‘버클리’ 비판의 핵심은 ‘로크’의 ‘모든 것이면서 동시에 모든 것이 아닌 ‘관념’은 존재하지 않는다’에 있다.

‘버클리’의 이러한 비판의 대표적인 논리로는 운동 관념에 대한 허구성의 지적을 들어볼 수 있다. 예컨대 ‘운동 추상 관념’의 경우, ‘로크’의 주장에 따르면 이 ‘운동 추상 관념’에서 다루는 운동은 곡선 운동도 아니며 직선 운동도 아닌, 특정 어느 운동이 아니면서 동시에 모든 운동을 아우르는 관념이다. 그런데 이러한 ‘관념’은 상상할 수 없다. 상상하거나 생각할 수 없는 것은 그에 상응하는 ‘관념’이 존재하지 않기 때문에, 따라서 ‘운동 추상 관념’은 존재할 수 없다.[139)]

이와 같은 논리로 ‘버클리’는 ‘로크’가 주장하는 ‘추상 관념’은 거의 실존하지 않는다고 주장했다.

138) 『A Treatise concerning the principles of human knowledge』 George Berkeley, Wikisource, 2024. 6, 7, 14, 22쪽 참조.

139) 『An Essay Concerning Human Understanding』 John Locke, Wikisource, 2024. 44, 143쪽.

8. 칸트의 인식론

1) 현상, 그리고 직관

'칸트'는 '직관'이란, "인식이 대상에 직접 관계하고 또 모든 사고가 그 수단으로서 구하고 있는 것"이라 정의했다. 쉽게 풀이하자면 눈으로 보고 듣고 느낄 수 있는 대상으로부터 언어지는 모든 생각으로 이해할 수 있다.

이때 대상은 곧 '물자체'[140] 이지만 사실 '물자체'는 대상이라는 속성 이전의 상태이므로 완전히 같은 의미는 아니다.

'물자체'라는 말은 동서고금을 통해 다양한 언어로 표시되었는데 예를 들어 불교에서는 이러한 의미를 나타내는 말로서 '다르마 다투'(dharma-dhatu), 즉 '법계[141]'가 있고 서양철학에서는 'Noumenon'(누메논)의 개념과 비슷하다. 누메논은 2~3세기경 로마의 '엠피리쿠스'[142] 의 저작인 'Outlines of Pyrrhonism'(피론

140) 독: Ding an sich, 영: thing-in-itself, 즉 감각과는 독립적으로 파악되는 사물 또는 사건.

141) 법계는 의식의 대상이 되는 모든 사물을 가리킨다. 대승불교에서는 법法을 모든 존재 또는 현상으로 해석한다. 즉, 모든 존재를 포함한 세계, 온갖 현상의 집합으로서의 우주를 뜻하며, 또한 모든 현상의 본질적인 양상, 즉 진여眞如까지도 뜻한다.

142) 섹스투스 엠피리쿠스(Sextus Empiricus, 생몰연대가 정확하지 않음): 알렉산드리

주의의 개요)에서 인용되었던 것으로, 직역하자면 '생각된 것', '생각하는 행위의 대상이 되는 것'이라는 의미이다. 하지만 '쇼펜하우어'[143] 등은 '칸트'가 '누메논'을 사물 자체와 그 외양을 포함하는 명칭으로 사용하였다고 비판했다.[144]

'누메논'을 다시 한자로 번역하면 '예지체'叡智體로 번역되는데 '예지체'란 '현상체'(Phänomenon)와 상대하는 말이다. 이를테면 '예지체'는 '본체'이고 그 반영反影이 '현상체'라는 의미이다. 이것은 서양 철학의 거대한 족쇄, 이원론의 시작인 '플라톤'에서 시작되었을 것이다.

'칸트'는 대상에 의해서 촉발된(보고 듣고 느끼게 되는)표상 능력이 곧 '감각'이라고 말한다. 이때 '직관'은 '감각'과 대상 사이의 '경험적 관계'이며 이렇게 유추된 '경험적 직관'에 의해서 파악된 '무규정적(아직은 판단되지 않은) 대상'이 곧 '현상'이라고 말한다.

아, 로마, 아테네 등 여러 지역에 살았다는 의학자, 철학자이다. 그의 철학적 저작은 고대 그리스 · 고대 로마의 회의론으로서 거의 완전한 형태로 현존하고 있다.

143) 아르투어 쇼펜하우어(Arthur Schopenhauer, 1788년~1860년): 독일의 철학자. 쇼펜하우어는 자신이 칸트의 사상을 비판적으로 받아들였으며 칸트의 사상을 올바르게 계승했다고 확신했다.

144) 『의지와 표상으로서의 세계(The World as Will and Representation)』의 부록에 해당하는 『칸트 철학의 비판(Critique of the Kantian philosophy)』 참조.

'현상' 중에서 감각에 대응하는 것을 '질료'라 하고, 그 '질료' 들이 일정한 관계에 의해서 정돈되도록 하는 원칙을 '현상의 형식'이라고 부른다.

'칸트'는 이러한 원칙에 의해 정돈된 질료들은 후천적으로 획득되는 것이기는 하지만 그것을 파악하기 위해서는 그러한 현상의 형식들이 우리의 심성 속에 이미 선천적으로 있어야 한다고 생각했다. 이를테면 현상을 파악한다는 '칸트'의 표현은 '물자체'의 속성이 투영된 현상의 형식이, 우리의 감각적 작용(선천적 의식)에 의해 이루어진다는 것이다.[145)]

2) 순수이성의 개념

순수 이성에서 생기는 개념들은 반성(경험의 결과)에서 얻어진 것이 아니라, 추리에서 얻어진 것이다. '이성'이라는 이름 자체가 오로지 경험으로만 제한되고 싶지 않다는 것을 이미 내포하고 있다. 즉 이성의 개념이 이성에 의한 개념 파악[146)]을 위한 것임은, 오성의 개념이 지각의 이해[147)]를 위한 것과 같다.

145) 『순수이성비판』, 칸트 지음, 최재희 번역, 박영사. 3~6쪽 요약.
146) 독어 'Begreifen', 영어 'Understanding'.
147) 독어 'Verstehen', 역시 영어 'Understanding'.

이성에 의해 파악되는 것을 '칸트'는 '표상'이라 불렀다. 즉 '칸트'의 '표상'은 무엇인가를 사고할 때, 사고에 포함되는 '판단'이나 '인식', 그리고 '개념'이나 '느낌' 등을 일컫는다. 독일어로 '표상'은 'Vorstellung'인데 'Vor'는 '앞'이라는 뜻이고, 'stellung'은 '서 있다'라는 뜻으로서 나의 의식 작용 속에 나타나는 것을 의미한다. 두 단어를 합치면 문자적으로는 '앞세움'이라는 의미이다. 조금 확장시켜 본다면 '나'라는 존재가 떠올릴 수 있는 '판단'이나 '인식', 그리고 '개념'이나 '느낌'이 '표상'인 것이다. 'Vorstellung'을 영어로 번역하면 'Representation'이나 'Presentation'으로 되는데 이것은 '나'와는 무관한 단지 외부의 세계를 의미하기 때문에 정확한 번역이 아닐지도 모른다.

'표상' 일반을 분류하면 먼저 '무의식적 표상'과 '의식적 표상'으로 나눌 수 있는데 여기서는 무의식적 표상은 논외로 한다. 의식적 표상은 주관적 감각(지각)과 객관적 인식으로 분류되고 객관적 인식은 다시 직접적 직관과 간접적 개념으로 분류할 수 있다. 여기서 의식적 표상에서 분화된 주관적 감각이나 객관적 인식에서 분화된 직접적 직관은 생물학적 개념이 강하기 때문에 논외로 한다. 간접적 개념은 다시 경험적 개념과 순수 개념으로 분화되고 순수 개념은 다시 순수 감성적 시공, 오성의 개념(범주), 이성의 개념(이념)으로 분류된다.[148]

148) 앞의 책, I. 선험적 원리론: 선험적 변증론 250쪽.

3) '로크'와 '흄'을 넘어

'칸트'에게 영향을 준 인물들 중 '로크'에 대한 '칸트'의 평은 사뭇 흥미롭다. '로크'가 시도한 "지각에서 출발하여 일반 개념에 도달하려는 인식의 활동"에 대해 '칸트'는 매우 유익하다고 평가하면서 그러한 탐구의 길을 최초로 연 사람을 '로크'라고 말한다.

그러나 곧바로 선천적 순수 개념의 연역은 '로크'의 방식으로는 어렵다고 말한다. 즉 참된 연역은 '로크'의 길에서 찾아지지 않는다고 단언한다. 그 이유로 '로크'의 경험으로부터의 연역은 사실의 문제일 뿐, 연역으로는 부를 수 없음을 들고 있다.[149]

대상을 인식하게 하는 조건에는 두 가지가 있다. 첫째는 '직관'이요, 둘째는 '개념'이다. 직관은 대상을 오로지 현상으로서만 대하는 것이다. '개념'은 '직관'에 의해 파악된 대상을 생각하는 것이다. 대상을 '직관'할 수 있는 조건은 객체(대상)의 형식상의 근거로서 선천적으로 우리의 심성 속에 있기 때문에 감성에 의한 형식적 조건과 일치한다. 즉 현상은 이 형식을 통해서만 일어난다. 여기에 '경험'이 개입한다. 대상은 선천적인 '개념'의

149) 오성의 순수한 개념의 연역, 선험의 연역 일반의 원리, 앞의 책, 119쪽.

전제 없이 경험의 객체(보편 타당한 객체성)가 될 수는 없다.

'칸트'는 오성의 순수한 개념을 오로지 경험에서만 발견하려는 '로크'의 판단을 비판한다. '로크'는 '인간지성론'[150] 1장에서 "타고난 사색의 원리는 없다."라고 규정해버렸기 때문이다. 심지어 '로크'는 2장에서 "타고난 실천적 원리도 없다."라고 선험의 영역을 아예 부정했다. 하여 칸트에게 있어서 '로크'는 편협한 경험론자로만 비쳐졌을 것이다.

뒤이어 '칸트'는 '흄'에 대해서도 비판적인 태도를 취한다. 일단 '흄'이 경험의 모든 한계를 넘어서 있는 '인식'을 얻으려는 모험을 위해 개념의 기원을 선천적이라고 인정한 것을 높이 평가한다. 그러나 '칸트'는 '흄'의 오성이 '자신 중에서 결합되어 있지 않은 개념(우리가 흔히 인과율이라 부르는)이 대상에 겹쳐 있는 상황'을 설명하지 못한다고 판단했다.

예를 들어 '흄'은 그의 책 『Philosophical Essays Concerning Human Understanding』 제2부 Of the Origin of Ideas(생각의 기원)에서 다음과 같이 이야기한다.

150) 『An Essay Concerning Human Understanding』, 1690.

"생각은 마치 무한한 자유를 가진 것처럼 보여도 자세히 살펴보면 실제로는 엄격한 제약 속에 있다는 것을 알 수 있다. 창의성은 본질적으로 감각과 경험이 제공한 것을 '혼합'하고 '재배열'하며 '강화'하거나 줄이는 능력이다."라고 이야기했는데 아마도 '칸트'의 비판은 이 지점에서 시작되었을 것이다. 즉 '흄'에게 있어 '인식'이란 경험 이상의 것이 아닌 반면 '칸트'의 '인식'은 경험 이전의 선험의 세계가 존재한다는 것이다.

즉 '로크'와 '흄'으로는 경험의 한계를 넘어서는 것이 불가능해 보인다는 게 '칸트'의 생각이었다.[151)]

4) 인식의 세 겹

'인식'이 비교되고 연결된 표상들의 총합이라고 가정한다면, 하나의 표상과 다른 표상이 고립되어 있을 때 인식은 발생할 수 없다. 즉 인식의 외부적 조건은 '연장'延長에 있다고 보는 것이다.

그런가 하면 이러한 '인식'을 가능하게 하는 내부적 조건은 '수용성'과 '자발성'인데, '수용성'은 적극적으로 '직관'을 동원하

151) 앞의 책, I. 선험적 원리론: 선험적 감성론, 선험의 연역 일반의 원리, A 94.

여 대상을 받아들이려는 노력이다. '자발성'은 그러한 '수용성'을 일으키는 바탕으로서 '자발성'에는 세 겹의 기초가 있다고 칸트는 말한다.

첫 번째는 심성의 다양성으로 표현되는 각각의 지식들을 바탕으로 하는 '직관'이며, 두 번째는 '직관'에 의해 받아들여진 구체적 표상들의 '재생'이다. 마지막으로 재생된 표상들이 다시 한 번 '인식'의 기초가 되는 '개념'이다.

모든 '인식'은 '개념'이 필요하다. 특정 '개념'이란 우리가 외적 현상을 인식하는 일종의 규칙이다. 나아가 직관의 규칙일 수도 있을 것이다. 이 '개념'이 아무리 불완전하고 혹은 불분명하더라도 개념은 반드시 필요하다. 가령 물체라는 '개념'은 외재하는 어떤 것을 지각할 수 있는 '연장'延長의 표상을, 그와 동시에 변화될 수 없는 표상을 말한다. 이러한 '개념'의 바탕에는 늘 선험적인 조건이 있다. 즉 '직관'에 의해 파악된 다양성이 필연적으로 종합되는 바탕에는 당연히 선험적 조건이 있고 그 위에 '개념'이 존재하기 때문이다.

'칸트'에 의하면, '인식'은 '직관'과 '개념'이라는 구성요소를 필요로 하고, 인식작용의 측면에서 보면 종합과 통일이라는 작용이 필요하다. 종합은 감성에 속하는 구상력(감성과 대상을 구성하는 개념 작용의 능력을 매개로 하여 인식을 성립시키는 능력)이 수행하고, 통일은 자기의식인 통각[152] 이 수행하는데, 이때 통일과 종합의 형식이 바로 '오성'에 속하는 범주이다.

따라서 인식은 '범주'라는 형식을 통해 이루어진다. '범주'(지성의 순수 개념)란 대상 일반의 개념으로서, 이 개념(즉 범주)을 통한 대상에 대한 직관은 다양한 판단의 논리적 기능에 의해서 결정되는 것이다. 이를테면 어떤 대상에 대한 개념 중, 스스로 경험될 수 없고, 동시에 경험할 수도 없는 것이 특정한 대상과 연결된다는 것은, 거의 모순에 가깝다. 그러한 개념은 직관이 대응하지 않기 때문에, 어떤 내용도 가질 수 없다.[153]

5) 칸트 인식론의 파편들

(1) 공간에 대한 생각

'칸트'는 '공간'은 물자체들의 관계가 아니라고 단정한다. '공간'이라는 것 자체는 존재하지 않고 단지 '공간'이라는 표상만이 있지만, 전혀 불가해한 것이 아니라 경험적 실체성을 가지기는

152) 통각(統覺, Apperceptio)이란 지각에 항상 동반하면서 다양한 지각들을 통일하는 의식.

153) 앞의 책, I. 선험적 원리론: 선험적 감성론, 경험을 가능하게 하는 선천적 근거 A 105.

한다. 즉 '공간'은 외적으로 경험되는 만물에 대해 객관적인 타당성을 가진다는 것이다.

'칸트'는 공간을 다음과 같은 순서로 인식한다.

먼저 '공간'이 '물자체'가 아니라는 것, 그리고 우리의 의식에서 해방되어 있지는 않다는 것, 마지막으로 절대적으로는 존재하지 않지만 '관념' 속에서는 존재하는 것이라고 규명하였다.

(2) 시간에 대한 생각

'칸트'는 '시간'도 '공간'처럼 '물자체'는 아니라고 규정한다. '시간'은 매우 주관에서 유래하므로 '물자체'에서 오는 것은 아니라고 생각했다. 하지만 '시간'은 객관적 타당성을 가지기는 하는데, 그 이유는 객체를 직관하고 구성하며 동시에 규정할 수 있기 때문이다.

(3) 시공에 대한 생각

'칸트'에 의하면 '공간'은 외감(외부적 감각, 즉 감관으로 수용되는)의 형식이고 '시간'은 내감(선험이나 인식 등에 의해)의 형식이다. 인간이 가진 감성적 지각이 없다면 '시공'은 존재할 수 없다.

이 때 감성적 지각이란 감관을 통한 지각이다. '시공'은 우리로부터 독립하여 절대적으로 실재하는 것은 아니다. 그렇다고 '시공'이 우리의 사고 속에서만 존재한다는 뜻도 아니다. 생물학적 존재로서 우리의 표상은 '공간' 속에서만 존재하고, 시간의 지속 역시 그런 '공간' 안에서 병합하여 유지되고 있기 때문이다.[154)]

(4) **아프리오리**(A priori)**의 본성**

'아프리오리'는 라틴어에서 출발한 것으로 '먼저 오는 것'이라는 의미가 있다. '칸트' 『순수이성비판』에 등장하는 '아프리오리'를 일반적으로 '선험'이라 번역했지만 칸트학회에서 '아프리오리' 자체로 표기하기로 결정한 바 있다. (2018년 한국칸트학회 발표)

'칸트'에 의하면 '아프리오리'는 보편성과 필연성을 특징으로 하며 결코 감관에 의해 주어지는 것이 아니라 심성에 의해 부여되는 것이라고 했다. 즉 '아프리오리'는 경험의 질료가 아니라 '경험의 형식'이라는 것이다. 이를테면 경험의 질료(재료, 원인 등)는 감각이다. '칸트'에 의하면 형식은 모든 경험에 대해 고정적이다.[155)]

154) 『순수이성비판』, 칸트 지음, 최재희 번역, 박영사. 626~630쪽.

155) 앞의 책, 631쪽.

(5) 경험적 세계와 물자체의 관계 설정

공간 중의 대상(A, B, C……)을 보고 있는 의식적 존재의 '경험적 자아'(Empirical Self 1, 2……)가 있다고 가정하자. 그 경험적 자아(ES)에게는 공간 중의 대상 A, B, C를 수용하는 감각기관 G, H, K가 있다. 또 다른 조건은 공간 중의 대상들은 '가상적 조건들'(Noumenal Conditions 1, 2……물자체)이라고 가정한다. 이때 각 '경험적 자아'(ES)들이 수용하는 '경험적 세계'(Empirical World)의 이면에 존재하는 '가상적 조건들'(NC)과의 관계는 다음과 같이 해석된다.

즉 ES는 A, B, C를 수용함에 있어 NC(가상적 조건들, 즉 물자체)를 직접 수용하는 것이 아니라 감각기관 G, H, K를 통해 수용되는 EW(경험적 세계)로 인식하게 된다. 하지만 EW와 NC는 동일하지 않기 때문에 ES(경험적 자아)들의 조건과 상황에 따라 인식의 차이가 발생할 수 있다고 파악했다.[156)]

(6) '칸트'가 파악한 철학자에 대한 짧은 평가

René Descartes: "Cogito ergo sum"[157)]의 명제는 동어 반복이다.

156) 앞의 책, 615쪽.
157) 100쪽 각주 참조.

John Locke: 인간 오성에 대한 전래의 모든 분쟁에 종말을 고한 계기를 제공함. 오성의 순수한 개념을 경험에서 발견하려 했고 심지어 경험의 한계를 넘어 인식을 얻으려는 모험을 감행했다.

Gottfried Wilhelm Leibniz: 그는 물자체를 현상으로 생각했다. 동시에 그는 실체뿐만 아니라 모든 물체의 구성부분까지도 각각의 표상을 가지고 있는 단자(Monad)라고 생각했다. 실체 간의 기능적인 상호성의 원리는 하나님의 예정조화(preestablished harmony)[158]라고 생각했다.

George Berkeley: 물체를 그저 '가상假像'이라고 격하한 것에 어떠한 책망도 하지 않는다. 이런 논리로 추론해 볼 때 '버클리'의 관념론에서 공간 개념은 있을 수 없다.

David Hume: '흄'은 특정한 현상을 이렇게 파악한다. "사람들은 감각으로 이해하는 이미지가 단지 표상이 아닌 실제 외부 대상이라고 믿는 경향이 있다. 하얀색에 딱딱한 이 테이블이 상상 속의 것이 아니라 인식의 바깥에 존재한다는 것을 확신한

158) 우리에게 생길 수 있는 모든 행복과 불행은 새롭게 혹은 우연히 발생한 것이 결코 아니라, 우리가 탄생할 때부터 모두 신이 예정해놓은 질서에 의해 하나씩 실현되고 있는 것에 불과하다고 보는 이론

다. 테이블을 관찰하는 지적인 존재가 있든 없든 일관되게 테이블은 존재한다.

우리가 주변 세계를 직접 경험할 수 있다고 믿는 것은 기본적인 철학적 사고에 의해 쉽게 반박된다. 이는 마음이 인지할 수 있는 것은 이미지나 감각적 인상뿐이라는 것을 알게 한다. 즉 감각은 이미지 전달의 통로일 뿐, 감각에 의해 파악된 대상 자체와 마음을 직접 연결시키지는 못한다.

예컨대, 테이블이 멀어짐에 따라 작아 보이지만, 실제 테이블은 변함이 없다. 따라서 우리가 인식하는 것, 또는 우리가 가지고 있는 것은 테이블의 이미지에 불과하다.

그리하여 '흄'은 이렇게 정리한다. "나는 우리 감각이 유사한 외부 물체로부터 생긴다는 생각을 해볼 필요가 있다. 이 문제를 어떻게 해결하나? 비슷한 질문인데, 경험으로 충분히 알 수 있다고 생각한다. 그렇지만 경험은 답을 주지 않는다. 우리 마음은 당시에 존재하는 것만 인식할 수 있으며, 경험만으로는 대상과의 연결을 설정할 수 없다. 결론적으로 그런 연결을 가정하는 것은 논리적 추론이 없다. 우리 감각의 정확도를 확인하는 데 최고의 실체의 진실성을 믿는 것은 우회적인 방식이다. 만약 이 최고의 실체가 진실하다면, 속일 수 없는 실체일 테니 우리 감각은 완전히 신뢰할 수 있다. 더군다나 외부 세계의 실재를 의심할 때, 우리는 그 존재 또는 그 특성을 증명하는 근거를 찾는 데 곤란을 겪을 것이다."[159)]

이에 대한 '칸트'의 생각은 다음과 같다. '흄'은 특정 현상이 선행하는 현상과 자주 동반하는 것에 대하여 두 표상(본래 모습의 테이블과 작아지는 테이블)을 결합하려는 습관을 통해 원인을 도출하려 한다. 하지만 그는 단지 인과적 결합의 종합 명제에만 머물러 있다. 그리하여 '흄'은 스스로 회의론에 머문다. 그의 회의적 방법이 이성의 근본을 규명하는 데 미친 영향은 매우 크다. 하지만 그에게 있어 '선험'이란 그저 경험적 우연적 규칙일 뿐이었다.[160)]

159) 『Philosophical Essays Concerning Human Understanding』 David Hume, 1748. 12절 부분.

160) 『순수이성비판』, 칸트 지음, 최재희 번역, 박영사. 664쪽 이하.

참고문헌

[국문]

강대석,『서양근세철학』, 서광사, 1987.

고바야시 쇼헤이,『그래서 철학이 필요해』, 김복희 역, 쌤엔파커스, 2019.

곽철환,『시공 불교사전』, 시공사, 2003.

남수영,《용수龍樹와 월칭月稱의 유부 삼세실유론 귀류 논파》, 한국불교학회지, 2020

돈 마리에타,『쉽게 쓴 서양 고대 철학사』, 유원기 역, 서광사, 2015.

돈연 역,『아함경』, 민족사, 2019.

러셀,『서양철학사』, 서상복 역, 을유문화사, 2019.

로버트 루트번스타인, 미셸 루트번스타인『생각의 탄생』박종성 역, 에코의 서재, 2018.

로저 스크러튼,『스피노자』, 정창호 역, 시공사, 2000.

르네 데카르트,『방법서설』, 김진욱 역, 범우사, 2009.

르네 데카르트,『방법서설』, 소두영 역, 동서문화사, 2016.

르네 데카르트,『제일철학에 관한 성찰』이현복 옮김, 문예출판사, 2021,

문지영,『홉스 & 로크: 국가를 계약하라』, 김영사, 2007.

박기순,『들뢰즈와 스피노자; 무한의 사유』, 홍익대학교, 2020.

박영욱,『데리다 & 들뢰즈: 의미와 무의미의 경계에서』, 김영사, 2009.

서대원,『새로 쓰는 주역강의』뜻있는 도서출판, 2020.

서양근대철학회 엮음,『서양근대철학』, 창작과 비평사, 2001.

소쉬르,『일반언어학 강의』, 최승언 역, 민음사, 2006.
스피노자,『데카르트 철학의 원리』양진호 역, 책 세상, 2020.
스피노자, 개정판『에티카』, 강영계 역, 서광사, 2018.
신승철, 이윤경,『철학의 참견』, 서해문집, 2016.
아리스토텔레스,『니코마코스 윤리학』, 손명현 역, 동서문화사, 2007.
안상헌,『미치게 친절한 철학』, 행성B, 2019.
앙리 르페브르,『현대세계의 일상성』, 박정자 역, 에크리, 2018.
용수,『중론』구마라습 한역, 가츠라 소류, 고시마 기요타카 편역, 배경아 역, 불광출판사. 2016.
용수,『중론송』, 중론권제일, 관인연품제일, 지음, 구마라습 한역, 2019.
이남인,『통섭을 넘어서』, 서울대학교출판문화원, 2015.
장자,『장자』, 김학주 역, 연암서가, 2010.
칸트,『순수이성비판』, 최재희 역, 박영사, 2021.
콘퍼드,『종교에서 철학으로』, 이화여자대학교출판문화원, 1995.
플라톤,『국가론』, 집문당 편역, 1997.
플라톤,『국가론』, 천병희 역, 숲, 2013.
플라톤,『테아이테토스』, 정준영 역, 아카넷, 2022.
한국학중앙연구원『한국민족문화대백과사전』2022.

[영문]
Clarke, Desmond M,『Descartes: a biography』, New York: Cambridge University Press, 2006.
David Hume,『Philosophical Essays Concerning Human Understanding』 Wikisource, 2024
George Berkeley,『A Treatise concerning the principles of human knowledge』Wikisource, 2024
George Berkeley,『An Essay Towards a New Theory of Vision』 Wikisource, 2024
Gottfried Wilhelm Leibniz,『Nouveaux Essais sur l'entendement

humain(New Essays on Human Understanding)』 Wikisource, 2024.

Greco, John, 『The Oxford Handbook of Skepticism』, Oxford University Press, 2005.

John Locke, 『An Essay Concerning Human Understanding』 Wikisource, 2024.

Sir Stuart Newton Hampshire, 『The age of reason; the 17th century philosophers』 New American Library, 1956.

Steven Nadler, 『SPINOZA A Life』, New York: Cambridge University Press, 1999.

Wittgenstein, 『Preliminary Studies for the 'Philosophical Investigations'』 Blackwell Publishers Ltd. 1958.

찾아보기

[인명]

[내용]

저자 소개를 대신하여

2023년 9월 1일, 4년 동안 중학교 교장임기를 마치고 다시 고등학교 교사로 돌아왔다. 교사로 돌아오면서 지난 2022년, 23년 교장 재임 중에 펴낸 '중학교 철학 1'과 '중학교 철학 2'에 이은 '중학교 철학 3'을 써야 할 동력원은 거의 소진된 상태였다. 더군다나 2023년 9월 10월 11월~⋯⋯ 고교 교사로서 일주일 동안 16시간 수업을 하며 겨우 적응하고 있었기 때문에 책을 쓴다는 것은 당시로서 거의 불가능해 보였다. 하지만 '중학교 철학' 3권을 써야 한다는 마음의 짐을 완전히 내려놓지는 못했다.

마음의 짐! 처음 철학 책을 쓰면서 다섯 권으로 만들겠다는 이야기를 스스로 하고 또 여러 사람에게 알렸는데 이것은 스스로를 경계하여 책임을 유지하기 위한 방법이었다. 하지만 2023년 2학기는 나에게 참 힘든 시기였다. 그런 한편으로 마음의 짐은 점점 무거워져 갔다.

그렇게 2023~4년 겨울 방학을 맞이했다. 여러 날 고민 끝에 다시 글을 쓰기로 했지만 내용을 검정할 중학생들로부터는 이미 떠나왔고, 여러 가지 마음의 상황도 만만하지 않았다. 하지만 글을 쓰기로 한 이상 어떤 어려움이라도 이겨내야 한다는 생각을 하며, 2021~3년, 중학생들과 수업의 기억을 되살리고 또 1, 2권을 읽으며 내용을 조절하여 글을 쓰기 시작했다. 2024년 1월부터 5월까지 퇴근 후 매일 저녁 거의 11시 정도까지 총력을 다해 글을 썼다.

다양한 철학의 분야 중에 인식론에 대한 철학 서석은 한글 번역본이 많이 없는 관계로 짧은 영어와 독일어 실력을 이용하여 번역하고 심지어 번역기(사실 인터넷 번역기는 거의 무용했다.)까지 동원, 겨우 글을 쓰기 시작했지만 어떤 날은 2~3페이지를 쓰다가 논지가 맞지 않아 전부 삭제하는 날도 있을 만큼 앞으로 나아가기 만만하지 않았다.

다행히 5개월의 노력 끝에 지난 5월 20일경, 드디어 '중학교 철학 3', '인식의 그림자'를 탈고했고 출판사로 보냈다. 그리고 사흘 전 교정본이 왔고 거친 교정을 오늘 마치고 다시 출판사로 보낸 뒤 이 글을 쓴다. 2023년 가을의 고민과 2024년 겨울과 봄 동안의 글쓰기가 무모한 일은 아니길 빌며 책 뒤에 이 글을 싣는다.

2024년 6월 2일 김준식 씀

중학교 철학 3

2024년 7월 10일 1판 1쇄 인쇄
2024년 7월 15일 1판 1쇄 발행

저　자 • 김준식
발행인 • 한정주
발행처 • 교육과학사

경기도 파주시 광인사길 71
전화 • 031)955-6956~8 / 팩스 031)955-6037
Home-page • http://www.kyoyookbook.co.kr
E-mail • kyoyookbook@daum.net, kyoyook@chol.com
등록 • 1970년 5월 18일 제2-73호

정가 15,000원

ISBN 978-89-254-1901-5

낙장·파본은 교환해 드립니다.
Printed in Korea.